Schlagfertigkeit

Souverän kontern

Wie Sie unfaire Angriffe mit effektiven Gesprächstechniken abwehren und durch Redegewandtheit jederzeit selbstbewusst argumentieren und souverän auftreten

Linus Winkler

1. Auflage
2020

Inhaltsverzeichnis

Vorwort

Schlagfertigkeit: eine der wichtigsten Fähigkeiten für eine selbstbewusste Person. Wir werden im Leben immer wieder vor Situationen gestellt, in denen es schwierig wird, unangenehme Gesprächspartner zu überzeugen und wortgewandt und selbstsicher auf herausfordernde Äußerungen von Mitmenschen zu reagieren. Gerade in Zeiten, in denen es bei politischen und gesellschaftlichen Diskussionen oft zu Meinungsverschiedenheiten kommt oder sich in sozialen Netzwerken immer öfter Hasskommentare breitmachen, punkten wir nicht nur mit unserem jeweiligen Standpunkt – so sinnvoll er auch sein mag –, sondern vor allem mit einer ausgeprägten Schlagfertigkeit!

In vergangenen Zeiten, in denen die Menschen ihre Konflikte fast ausschließlich mit Gewalt lösten, nutzen wir heute unsere kommunikative Begabung und unsere Menschenkenntnis, wenn wir Diskussionen führen, um beispielsweise Ziele zu erreichen oder erfolgreiche Gespräche führen möchten.

Egal, in welcher Situation wir schwierige Gesprächspartner vor uns finden, ob bei der Arbeit oder privat: Schlagfertigkeit ist die Fähigkeit, mit unbehaglichen Situationen im zwischenmenschlichen Bereich auf verbale Art und Weise souverän umzugehen.

In diesem Buch werde ich Ihnen konkrete Beispiele aufzeigen, wie Sie Schritt für Schritt Ihre Schlagfertigkeit auf ein neues Level heben können. Der Inhalt dieses Buches ist geeignet für jeden, der sich wünscht, in alltäglichen Situationen auf schlagfertige Art und Weise argumentieren zu können und in Gesprächen zu jeder Zeit überzeugende Worte zu finden. Sie werden lernen, in welchen Momenten Sie welche Strategie anwenden und wie Sie durch brillantes Verhalten erfolgreich mit unfairen Gesprächspartnern umgehen. Ich möchte Ihnen außerdem dabei helfen, Ihre Kommunikation im Allgemeinen zu verbessern und selbstsicherer zu werden, sodass Sie niemals wieder in eine Situation geraten, in der Sie vor Sprachlosigkeit erblassen. Ein wichtiges Detail im Zuge einer selbstbewussten Kommunikation ist im Übrigen die Körpersprache, die Ihnen in Gesprächen dazu verhelfen sollen, Ihre Ziele zu erreichen.

Begeben Sie sich auf den Weg, eine selbstbewusste und schlagfertige Persönlichkeit zu werden, wodurch es Ihnen in Zukunft gelingen wird, Ihre Mitmenschen mit Ihrer Souveränität und

Spontaneität zu faszinieren und somit auf jeder Ebene im Leben erfolgreich zu sein.

Vorwort

Was ist Schlagfertigkeit?

Stellen Sie sich einmal folgende Situation vor: Sie geraten in ein unangenehmes Gespräch oder in eine ziemlich heftige Diskussion und Ihr Gesprächspartner sagt etwas, wodurch Sie sich als Person angegriffen oder provoziert fühlen, doch ausgerechnet in diesem Moment fällt Ihnen nicht einmal ansatzweise ein angemessener Konter ein, mit dem Sie sich zur Wehr setzen können. Erst einige Stunden später, nachdem Sie bereits lange Zeit über die vergangene Situation nachgedacht haben, wird Ihnen klar, was Sie hätten sagen können.

Sie wissen selbst, welche Fähigkeit Ihnen in diesem Augenblick gefehlt hat: die Schlagfertigkeit. Bei der Schlagfertigkeit geht es nicht darum, lange zu überlegen, welches eine passende Antwort sein könnte, sondern darum, blitzschnell zu reagieren und einen Konter zu setzen. Die wichtigsten Voraussetzungen für eine gute Schlagfertigkeit sind Spontaneität, Wortgewandtheit und Kreativität. Jeder Mensch trägt eine gewisse Kreativität in sich. Kreativ sind nicht nur diejenigen, die sich der Kunst oder der Musik hingeben, sondern auch diejenigen, die in alltäglichen und eher unbedeutenden Situationen des Lebens ihren Gedanken freien Lauf lassen. Mit

Sicherheit haben auch Sie hin und wieder mal in Ihrem Leben einen grandiosen Einfall gehabt, welcher auf Ihre verborgene Kreativität zurückzuführen war. Es geht bei der Kreativität darum, sich von den typischen Denkmustern zu befreien und eigene Ideen zu entwickeln. Eine schlagfertige Antwort fühlt sich oft so an wie ein Gedankenblitz. Doch in Wirklichkeit hat es mit unserem unterbewussten Denken zu tun. Generell kann man sagen, dass einige Menschen tatsächlich genetisch bedingt ein Talent dafür besitzen, schnell, kreativ und schlagfertig zu antworten. Die meisten Menschen erlernen Schlagfertigkeit und Rhetorik im Allgemeinen bereits in der Kindheit, doch auch als Erwachsener ist es niemals zu spät, sich diese nützliche Fähigkeit anzueignen. Durch konsequentes Lernen und letztendlich durch die Anwendung in der Praxis kann jeder Mensch die Veränderungen herbeiführen, die er sich schon lange gewünscht hat. Weder das Alter, noch das Geschlecht oder die Herkunft haben einen Einfluss darauf, ob jemand Schlagfertigkeit trainieren kann oder nicht. Jeder Mensch kann zu jeder Zeit mit der richtigen Einstellung ein Experte in Sachen Schlagfertigkeit werden.

Vor allem in Konfliktsituationen wünschen wir uns, eine ausgeprägte Schlagfertigkeit zu besitzen und uns souverän verteidigen zu können. Es gibt jedoch auch entspannte Situationen, in denen wir mit Schlagfertigkeit punkten können. In alltäglichen Augenblicken bei der Arbeit, auf einer Party oder auf einem Date können wir unsere Mitmenschen durch unsere Souveränität beeindrucken. Schlagfertigkeit zahlt sich also in allen Lebenslagen aus, wodurch wir letztendlich auch generell eine positivere Einstellung zum Leben entwickeln. Wir sind durchweg viel entspannter und fürchten uns weniger vor unangenehmen Situationen, da wir die Gewissheit besitzen, dass uns nichts und niemand aus der Ruhe bringen wird. Und das führt schließlich auch dazu, dass unser sozialer Status deutlich aufgebessert wird, denn jeder Mensch umgibt sich gerne mit Personen, die Ruhe und Souveränität ausstrahlen.

Warum ist Schlagfertigkeit so wichtig?

In jeder einzelnen Situation des Lebens einen passenden Spruch auf Lager zu haben wirkt sich positiv auf das gesamte Leben aus. Wie bereits angesprochen, beeinflusst unsere Schlagfertigkeit in hohem Maße die Wahrnehmung, die andere Menschen uns entgegenbringen. Durch unsere schier außergewöhnlichen Fähigkeiten wirken wir insgesamt souverän, selbstbewusst und redegewandt. Die Schlagfertigkeit wird letztendlich zu einem entscheidenden Erfolgsfaktor sowohl für unser berufliches, als auch für unser privates Leben.

Freche Kommentare und Beleidigungen von Mitmenschen können unsere Souveränität bedrohen. Durch eigene Missgeschicke können wir hin und wieder in Verlegenheit geraten. In solchen Situationen vermeiden wir oftmals eine Reaktion, ziehen uns zurück und wirken schüchtern. Wir verlieren die Kontrolle über die Situation, da wir uns lieber aus dem Staub machen, anstatt uns einer möglichen Gefahr zu stellen. Wenn wir aber dazu fähig sind, auf solche unangenehmen Situationen gelassen zu reagieren, so können wir uns die Kontrolle zurückholen und unsere Souveränität wiederherstellen.

Besonders im Privatleben kann Schlagfertigkeit sehr vorteilhaft sein. Beim Zusammensitzen mit Freunden oder Familie sorgen wir mit unseren schlagfertigen Antworten für eine entspannte und lockere Atmosphäre. Wir müssen längst nicht der Mittelpunkt dieser Runde sein, aber jede andere Person ist in diesem Moment erfreut über unsere Anwesenheit. Geraten wir auf offener Straße in einen Konflikt mit einer fremden Person, so hilft uns unsere rhetorische Fähigkeit, uns mit Lockerheit zur Wehr zu setzen. Und sitzen wir bei einem Date mit einem potentiellen neuen Partner, so hilft sie uns beim Flirten, denn Souveränität und innere Stärke wirken nunmal extrem anziehend auf Mitmenschen. Außerdem können wir mit unserer Schlagfertigkeit anderen Menschen ihre Grenzen aufzeigen. Wenn ein anderer Mensch mit seinem Verhalten zu weit geht und sich respektlos verhält, so können wir uns mit verbalen Mitteln wehren, ohne unser Gesicht zu verlieren, und sichergehen, dass wir zukünftig von dieser Person ernstgenommen und respektvoll behandelt werden.

Auch im Beruf sind schlagfertige Menschen klar im Vorteil. Sicherlich müssen wir bei der Arbeit etwas vorsichtiger sein mit der Art und Weise wie wir uns gegenüber Kollegen und Vorgesetzten ausdrücken. Schlagfertige Antworten gegenüber Freunden dienen oftmals auch mehr oder weniger zur Unterhaltung bei. Auf der Arbeitsstelle kann es uns bei unbedachtem Verhalten jedoch auch Probleme bereiten. Aber gerade darum ist es bei der Arbeit so wichtig, immer souverän zu bleiben und niemals über die Stränge zu schlagen. Mit Sicherheit gehört ein Fünkchen Humor auch zum Arbeitsplatz, aber schlagfertige Antworten müssen nicht jedes Mal das Ziel haben, lustig zu wirken. Es geht vielmehr darum, freche und unfaire Kommentare spielerisch abzuwehren. Während wir also im Privatleben unsere Schlagfertigkeit auch oftmals anwenden können, um lustige Momente mit Mitmenschen zu erleben, so sollten wir sie im Beruf eher etwas diskreter anwenden, so ähnlich wie der Karatekämpfer seine Kampfkünste nur zeigt, wenn er angegriffen wird. Letztendlich geht es bei der Arbeit vor allem darum, kommunikativ und durchsetzungsfähig zu sein. Unsachliche Kritik ist niemals angemessen und diese sollten wir insbesondere im Beruf nicht einfach auf uns sitzen lassen.

Je öfter wir in bestimmten Situationen die passenden Worte finden, umso sympathischer und auch kompetenter wirken wir auf unsere Kollegen und Vorgesetzten. Besonders im Beruf ist Kommunikation von großer Bedeutung und diplomatische Fähigkeiten steigern definitiv unser Ansehen in der Führungsetage. Wer also die

Karriereleiter hinaufklettern will, der profitiert ungemein von Kommunikations- und Durchsetzungsfähigkeit.

Ein weiterer Vorteil von Schlagfertigkeit ist, dass sie nicht nur das Bild, das andere Menschen von uns haben, positiv beeinflusst, sondern auch unser Selbstbild. Jedes Mal, wenn wir uns in einem Gespräch trauen, selbstbewusst und gelassen zu antworten und uns somit durchsetzen, bleibt am Ende das positive Gefühl zurück, uns einer unangenehmen Situation gestellt und diese einwandfrei gelöst zu haben. Unser Selbstvertrauen wird schließlich einerseits beflügelt durch unsere Durchsetzungskraft an sich und andererseits durch den Zuspruch, den Respekt und die Bewunderung, die uns von den Mitmenschen entgegengebracht wird.

Wie auch vorab schon angesprochen, gehört zu einer ausgeprägten Schlagfertigkeit auch Gelassenheit. In angespannten Situationen ruhig zu bleiben setzt ein großes Maß an Gelassenheit voraus. Wer in der Lage ist, souverän zu kontern, der muss nach einem Gespräch auch keinen Frust in sich hineinfressen, weil er ja bereits die passende Antwort gegeben hat. Insofern gehen Schlagfertigkeit und Gelassenheit Hand in Hand. Beide Fähigkeiten profitieren voneinander. Gelassenheit hilft im Übrigen auch dabei, Stress zu reduzieren. Wenn ein Stresszustand auf Dauer anhält, so wirkt sich dies äußerst negativ auf das gesamte Wohlbefinden des Körpers aus, sowohl psychisch als auch physisch. Magenprobleme, Bluthochdruck, Kopfschmerzen, Verspannungen bis hin zu Depressionen oder Burn-Out können die Folge sein. Auch Schlagfertigkeit kann dabei helfen, Stress zu minimieren, da hiermit zumindest einmal vermieden wird, sich über Gespräche, Beleidigungen oder Verunglimpfungen aufzuregen.

Selbstbewusstes Auftreten

Bei Schlagfertigkeit kommt es letzten Endes nicht bloß auf die Auswahl der Worte an, sondern zum gleichen Teil auch auf die Kraft des Ausdruckes. Schlagfertige Antworten nützen nicht viel, wenn wir sie mit zittriger Stimme aufsagen und dabei auf den Boden starren. Es ist also ein Zusammenspiel aus der Wortwahl, einer kräftigen und sicheren Stimme und einer selbstbewussten Körpersprache.

Um es einfach auszudrücken, könnte man sagen: Es kommt nicht einfach nur darauf an, was wir sagen, sondern vor allem darauf, wie wir es sagen. Erst wenn wir unseren Worten Kraft verleihen durch eine bestimmte Stimmlage, den richtigen Gesten und Mimiken, können sie sich wirklich entfalten. Es geht also schlichtweg darum, unsere Worte mit genügend Kraft und Selbstverständnis zu versehen, sodass unserem Gesprächspartner auch klar wird, dass es nicht bloß auswendig gelernte Worte sind, sondern auch ein ausgeprägtes Selbstvertrauen dahintersteckt.

Es ist also sehr wichtig, sich beim schlagfertigen Antworten nicht kleiner zu machen, als man ist. Eine zittrige und leise Stimme, ein zögerliches Verhalten, das Starren auf den Boden oder das Nachvorneziehen der Schultern signalisieren unserem Gegenüber wenig Selbstvertrauen. Durch solch ein Verhalten machen wir uns angreifbar und wir laden unseren Gesprächspartner förmlich dazu ein, selbst noch einmal zu kontern.

Ein energievolles Auftreten und eine positive und selbstsichere Ausstrahlung durch Körpersprache sowie eine kräftige Stimme lassen unsere Worte erst wirklich „schlagfertig" wirken.

Wir müssen also lernen, unseren Körper und unsere Stimme so zu steuern, dass sie Selbstvertrauen ausstrahlen. Nur so können wir gewährleisten, dass wir durch unsere Worte letztendlich auch das erreichen, was wir wollen. Aber wie können Sie nun Ihre Körpersprache und Ihre Ausstrahlung verbessern?

Ausstrahlung und Körpersprache

Selbstbewusstsein und Körpersprache hängen sehr eng miteinander zusammen. Wer selbstbewusst ist, der strahlt dies in der Regel auch durch seine Körpersprache aus. Und wer unter geringem Selbstbewusstsein leidet, aber anfängt, eine bestimmte Körpersprache einzusetzen, der wird dementsprechend auch zu mehr Selbstbewusstsein gelangen. Mit Hilfe Ihrer Körpersprache und bestimmten Haltungen und Gesten können Sie Ihre eigene Wahrnehmung beeinflussen. Die Körpersprache lässt sich grundsätzlich durch unsere innere Haltung beeinflussen. Solange Sie positive Gedanken und positive Gefühle in sich tragen, wirkt sich dies automatisch auch auf Ihre Körperhaltung aus. Zwei wichtige Voraussetzungen sollten dennoch gegeben sein für eine selbstbewusste Körpersprache, nämlich eine aufrechte Haltung und die richtige Körperspannung.

Aufrechte Haltung

Eine aufrechte Haltung verbindet man normalerweise vor allem mit einem geraden Rücken. Dieser gehört selbstverständlich auch dazu. Aber es kommt eben nicht nur auf den Rücken an, sondern eine aufrechte Haltung beginnt mit den Füßen und endet mit dem Kopf. Ein fester Stand, der durch angenehmes Schuhwerk und vor allem durch eine starke Muskulatur in den Beinen gewährleistet wird, ist die Grundlage für eine aufrechte Haltung. Bei einem festen Stand sollte darauf geachtet werden, dass die Füße etwa schulterbreit auseinanderstehen. Zu eng zusammengestellte Füße vermitteln ein eher geringes Selbstbewusstsein, wobei zu breit auseinandergestellte Füße oft als Arroganz ausgelegt werden. Des Weiteren sollte stets eine Position der Balance eingenommen und nicht ständig hin- und hergewackelt werden. Auch das Anlehnen an Wände, Tische oder Pfeiler gehört nicht zu einer aufrechten Haltung und sollte vermieden werden. Diese beiden Punkte lassen sich durch mehr Sport und Krafttraining, insbesondere im Beinbereich beheben. Zu guter Letzt gehört es selbstverständlich zu einer aufrechten Haltung, und das haben Sie mit Sicherheit schon öfter gehört, dass Sie Ihre Brust nach vorne strecken, Ihre Schultern nach hinten ziehen und Ihren Kopf anheben – jedoch sollte hierbei darauf geachtet werden, dass der Kopf nicht nach hinten fällt, weil dies eher hochnäsig wirkt. Durch eine solche Körperhaltung strahlen Sie Entschlossenheit und Selbstbewusstsein aus. Eine aufrechte Haltung wie auch eine hohe Körperspannung lassen sich sehr viel leichter umsetzen, wenn Sie über eine starke Muskulatur verfügen. Sport ist in diesem Fall sehr hilfreich. Dazu gleich noch mehr, siehe Körperspannung.

Körperspannung

Durch die richtige Körperspannung fühlen Sie sich jederzeit gewappnet für einen eventuellen Angriff, sei es physischer oder verbaler Art. Die richtige Körperspannung strahlt Motivation und einen positiven Gemütszustand aus. Eine geringe Körperspannung erkennt man unter anderem an herunterhängenden Schultern, einem krummen Rücken und daran, dass sich die Person ständig irgendwo mit den Händen abstützt. Eine starke Körperspannung erreichen Sie am besten durch sportliche bzw. körperliche Betätigung. Sowohl

Ausdauertraining auf dem Spinningrad oder Laufen in der freien Natur, als auch Ganzkörpertraining im Fitnessstudio oder mit gezielten Übungen daheim, können die Körperspannung erhöhen. Grundsätzlich hilft aber nahezu jede Art von Bewegung, wie zum Beispiel auch regelmäßiges Spazierengehen mit aufrechter Haltung.

Wenn Sie von Ihren Mitmenschen als überzeugende Persönlichkeit wahrgenommen werden wollen, so sollten Sie also unbedingt acht geben auf Ihre Körperspannung. Was aber noch lange nicht bedeuten soll, zu jeder Zeit des Tages Ihre Muskeln anzuspannen. Wichtig ist es vor allem dann, wenn es „drauf an kommt", also beispielsweise in Vorstellungsgesprächen, in wichtigen Meetings auf der Arbeit, in Verkaufsgesprächen oder in privaten Konflikten. Durch die erhöhte Körperspannung teilen Sie Ihren Gesprächspartnern klar und deutlich mit, dass Sie vollkommen überzeugt sind von Ihrem Auftreten.

Gesten

Zu einer überzeugenden Körpersprache zählt sicherlich auch der Einsatz Ihrer beiden Hände, mit denen Sie durch Gesten Ihren Aussagen wesentlich mehr Ausdruck verleihen können.

Bei den richtigen Gesten sollten Sie immer zwischen verschiedenen Gesprächssituationen unterscheiden. Möchten Sie das Vertrauen einer Person gewinnen, so sollten Sie ihr Ihre weichen Seiten zeigen, wie beispielsweise die Handfläche, den Innenarm oder den Bauch. In angespannten oder konfliktreichen Situationen, in denen Sie Ihr Gegenüber eher zurückweisen möchten, sollten Sie Ihre harten Seiten zeigen, wie den Handrücken, den Ellbogen oder den Rücken. Insgesamt ist es aber vor allem wichtig, wirklich mit Entschlossenheit aufzutreten und die Bewegungen flüssig und gezielt wirken zu lassen. Wirkungsvolle Gesten muss jeder für sich selbst herausfinden, hierbei spielt nämlich auch die eigene Persönlichkeit eine große Rolle.

Pokerface

Ihr Gesichtsausdruck ist in gleicher Weise aussagekräftig wie Ihre Haltung und Ihre Gesten. Durch den Gesichtsausdruck vermitteln Sie Ihrem Gesprächspartner Eindrücke über Ihren Gefühlsstand. Sind Sie von ihm verärgert oder eingeschüchtert, so werden Sie ihm dies normalerweise automatisch durch Ihren Gesichtsausdruck mitteilen, schließlich schauen wir Menschen uns in Gesprächen in der Regel immer ins Gesicht. Damit Ihre Schlagfertigkeit auch wirkungsvoll ist, sollten Sie natürlich immer gelassen bleiben. In Ausnahmefällen sollten Sie den

Ärger oder die Angst jedoch bestmöglich verbergen. Dabei gilt es, die Mimik zu kontrollieren und möglichst gelassen zu schauen. Ein fester Blickkontakt, indem Sie der anderen Person direkt in die Augen schauen und zwar ohne viel zu blinzeln, ist ebenso wichtig. Der Gesichtsausdruck ist letztendlich der wichtigste Part in Sachen Körpersprache, um Souveränität auszustrahlen.

Gelassener Ausdruck

Mit einem neutralen oder, noch besser, optimistischen Gesichtsausdruck vermitteln Sie Gelassenheit. In vielen Situationen des Lebens können Sie sich einzig und allein mit einem gelassenen Ausdruck in eine vorteilhafte Position bringen. Beispielsweise wenn Sie neue Menschen kennenlernen. Durch einen entspannten Gesichtsausdruck strahlen Sie positive Energie aus, und diese wirkt extrem anziehend auf die Mitmenschen. Aber besonders beim Thema Schlagfertigkeit zahlt sich ein gelassener Ausdruck nahezu immer aus. Wenn Sie nämlich von einer anderen Person verbal angegriffen werden und durch Ihr Gesicht Verletzlichkeit und Ängstlichkeit ausstrahlen, schenken Sie ihr sozusagen den Sieg. Sie zu verletzen oder einzuschüchtern war genau das, was die Person erreichen wollte. Wenn Sie in solch einem Fall mit einem entspannten Gesicht und einem festen Blickkontakt Gelassenheit signalisieren, dann ist das in Sachen

Schlagfertigkeit schon einmal „die halbe Miete". Sie zeigen dem Gesprächspartner, dass Sie sich nicht angegriffen fühlen und seine fiesen Worte einfach an Ihnen abprallen. Sie können sich also in eine dominante Position begeben, in der Ihnen ein verbaler Konter nun noch leichter über die Lippen geht.

Sicherlich fällt es Ihnen nicht leicht, in hitzigen Situationen auf Anhieb einen gelassenen Gesichtsausdruck zu zeigen. Mit folgenden Tipps und ein wenig Übung wird es Ihnen aber schon bald gelingen:

- **Entspannte Mundwinkel.** Versuchen Sie, in angespannten Situationen ein kleines Lächeln aufzusetzen, indem Sie die Mundwinkel ganz leicht nach oben ziehen. Sie strahlen somit Souveränität aus und wirken dominant.
- **Entspannter Kiefer.** Durch einen zusammengepressten Kiefer lassen sich viele Menschen in die Karten schauen. Sie signalisieren dadurch Wut, Stress Angespanntheit und innere Unruhe. Letztlich kann dies sogar noch zu Schmerzen im Kieferbereich führen. Also entspannen Sie Ihren Kiefer.
- **Entspannte Augen.** Reißen Sie Ihre Augen nicht zu weit auf. Das signalisiert dem

Gegenüber Wachsamkeit und Angst. Versuchen Sie eher etwas gelangweilt zu schauen und lassen Sie Ihre Augenlider etwas herunter. Sie zeigen sich Ihrem Gegenüber dadurch wenig beeindruckt.

Durch einen gelassenen Gesichtsausdruck signalisieren Sie der angreifenden Person also, dass Sie sich überlegen und stärker fühlen. Noch ein weiterer Punkt, der vorher schon angesprochen wurde, ist entscheidend, um alleine durch den Blick seinen Gesprächspartner in die Schranken zu weisen: ein fester Blickkontakt.

<u>Blickkontakt</u>

Durch die Augen nehmen Sie bekanntlich den ersten Kontakt zu einem Mitmenschen auf. Auf der einen Seite können die Augen eine Beziehung zwischen zwei Menschen noch weiter vertiefen, auf der anderen Seite können sie die Beziehung jedoch extrem belasten. Der Blickkontakt ist dabei sehr entscheidend und er gehört zu einer erfolgreichen Kommunikation dazu. Schauen Sie einer Person nicht direkt in die Augen, so könnte dies zwei Gründe haben:

- Sie mögen diese Person nicht und möchten ihr keinen Respekt entgegenbringen.
- Sie fühlen sich unterlegen und unsicher und haben Angst vor dieser Person.

Wenn Sie jedoch Schlagfertigkeit demonstrieren wollen, so ist ein fester Blickkontakt unabdinglich. Er zeugt von Selbstbewusstsein und emotionaler Stabilität. Und letztendlich auch von Respekt, den Sie jedem Menschen, auch denen, die Sie angreifen, entgegenbringen sollten. Schauen Sie der anderen Person jedoch nicht in die Augen, so wirken Sie unglaubwürdig, weil Sie das Gefühl vermitteln, etwas verbergen zu wollen.

Augenduell

Was wir bereits aus dem Tierreich kennen, können auch wir Menschen in Konfliktsituationen anwenden: dem Gegenüber so lange in die Augen schauen, bis sich eine Person abwendet. Indem Sie ein „Augenduell" starten und der anderen Person scharf und humorlos in die Augen sehen, können Sie sie selbst in Verlegenheit bringen und einschüchtern. Derjenige, der seinen Blick zuerst abwendet, bietet der anderen Person damit einen Grund, ihn anzugreifen, ihn zu dominieren und seinen Status herabzuwerten. In diesem Moment bietet sich nun die beste Gelegenheit, eine schlagfertige Antwort abzugeben. Sobald die Antwort gegeben wurde, empfiehlt es sich, den Blick abzuwenden. Dadurch zeigen Sie dem Gegenüber, dass das Thema für Sie nun erledigt ist und Sie behalten am Ende das letzte Wort.

Überzeugende Stimme

Letztendlich setzt sich die Schlagfertigkeit aus mehreren Faktoren zusammen. Neben der Körpersprache und dem Gesichtsausdruck ist natürlich auch die Stimme ein entscheidender Punkt, denn durch diese können Sie überhaupt erst Ihre Worte ausdrücken. Eine schwache und zittrige Stimme wird auch den besten Spruch nicht überzeugend wirken lassen.

Das wichtigste Mittel in der Kommunikation ist die Sprache. Und die Stimme entscheidet dabei, wie die übermittelten Botschaften beim Gesprächspartner ankommen. Es kommt am Ende des Tages nicht nur darauf an, welche Worte gewählt werden, sondern vor allem wie und in welcher Stimmlage diese Worte ausgesprochen werden. Glaubwürdigkeit lässt sich nicht so einfach vortäuschen. Und rhetorische Sicherheit lässt sich vor allem durch die richtige Stimmlage rüberbringen. Ein schlagfertiger Konter kann noch so perfekt getimt sein und noch so passende Wörter beinhalten, solange die Stimme dabei leise, schwach, zittrig oder nuschelig klingt, wirkt der Spruch einfach nicht überzeugend. Eine schlagfertige Antwort sollte in einem selbstbewussten und ruhigen – aber dennoch kräftigen – Ton ausgesprochen werden. Die Stimme sollte also stets kraftvoll wirken. Das Sprechtempo kann dabei durchaus auch hin und wieder geändert werden, es muss also nicht durchgehend eintönig wirken.

Die richtige Dynamik in der Stimme kann große Unterschiede in der Wirkung zeigen. Durch „Power-Talking" können Sie den Gesprächspartner so richtig unter Druck setzen, indem Sie ihn mehr oder weniger in einem hohen Tempo mit schlagfertigen Antworten bombardieren. Die Betonung von schlagfertigen Aussagen kann jedoch auf einigen verschiedenen Wegen erfolgen. Solange Sie eine kräftige Stimme und ein Gefühl für das ideale Sprechtempo an den Tag legen, können Sie unterschiedliche Wege nutzen, um Ihre Botschaft zu überbringen:

- **Das Rezitieren eines banalen Konters in ernstem Ton.** Dadurch gelangt der Gesprächspartner in den meisten Fällen ordentlich ins Grübeln. Ihn überkommt das Gefühl, irgendetwas nicht richtig verstanden zu haben. Dadurch können Sie beim Gegenüber für eine Menge Verwirrung sorgen.
- **In genüsslichem Ton eine Gemeinheit aufsagen.** Dies wirkt provokativ auf den Zuhörer und fällt ihm meistens auch erst viel später auf.
- **Getarnte Witze durch freche Bemerkungen**. Diese Aussagen haben

ungefähr den gleichen Effekt. Sie werden auf humorvolle Art und Weise ausgesprochen, sollen aber eher provokativ wirken.

Schlagfertige Antworten müssen also nicht immer mit voller Energie vorgetragen werden und den Gesprächspartner einschüchtern. Im weiteren Verlauf dieses Buches werden Sie noch viele konkrete und effektive Antwortmöglichkeiten finden, welche Sie in speziellen Situationen einsetzen können. Zunächst einmal ist es jedoch wichtig, sich wirklich darauf zu besinnen, dass Sie vor allem Ihre Körpersprache und Ausstrahlung nutzen müssen, um Ihre Schlagfertigkeit überzeugend darzustellen. Und schließlich ist Ihre Stimme das Werkzeug, welches Ihre Aussagen so messerscharf machen. Prägen Sie sich also ein, dass Sie in Zukunft kraftvoll und deutlich sprechen und Zittern und Nuscheln vermeiden müssen.

Die sieben Elemente

Um eines nochmal klarzustellen: Bei Schlagfertigkeit geht es um viel mehr, als nur auswendig gelernte Sprüche auszusprechen. An dieser Stelle möchte ich Ihnen die sieben Elemente für eine erfolgreiche Schlagfertigkeit vorstellen.

1. **Schnelligkeit**

Nichts ist ärgerlicher, als einen frechen Spruch an den Kopf geworfen zu bekommen und keinen passenden Konter auf Lager zu haben. Solche Situationen haben Sie sicher auch schon oft erlebt. Sie beschäftigen sich fortan den ganzen Tag über mit dieser Provokation, auf die Sie keine Antwort fanden. Und urplötzlich, nach ein paar Stunden, fällt Ihnen ein genialer Konter ein. Doch leider viel zu spät. Und das ist es nunmal, was Schlagfertigkeit auszeichnet: in Sekundenschnelle mit einem Spruch antworten, der den Gesprächspartner vom Sattel stößt. Aber wie schaffen Sie es, schneller in Ihrer Reaktion zu werden? Vor allem mit mehr Achtsamkeit!

Tagtäglich sind wir dutzenden Ablenkungen ausgesetzt. In unserem Kopf kreisen sich die Gedanken rund um die Uhr. Wir denken über die Arbeit nach, über die privaten Probleme, über die Nachrichten aus der Welt und selbst über die eigentlich eher unwichtigen Dinge, die wir zum Beispiel auf Social Media Plattformen gesehen haben. Wir gehen meistens nicht wirklich achtsam mit dem Leben um. Wir befinden uns oftmals nicht im Hier und Jetzt, sondern denken über alles andere nach, anstatt uns auf den Moment zu konzentrieren. Und wenn wir dann ganz plötzlich von einem Mitmenschen einen Spruch reingedrückt bekommen, sind wir nicht in der Lage, zu kontern.

Achtsamkeit ist ein Thema, welches derzeit in aller Munde ist. Und zwar zu Recht! Es gibt verschiedene Methoden, um Achtsamkeit zu trainieren. Allen voran geht es darum, sich auf die Gegenwart zu fokussieren. Sie dürfen nicht allzu sehr über die Zukunft oder über die Vergangenheit nachdenken und Ihr Umfeld außer Acht lassen. Wenn es um Schlagfertigkeit geht, brauchen Sie gar nicht mal speziell auf freche Sprüche eingestellt sein. Es reicht vollkommen, wenn Sie sich mental auf Gespräche mit Mitmenschen einstellen bzw. sich einfach darauf vorbereiten, dass in jedem Moment, in dem Sie einen Menschen um sich herum haben, ein Gespräch entstehen könnte.

2. Sprache

Für eine effektive Schlagfertigkeit sind Eloquenz und Wortgewandtheit ein enormer Vorteil. Sie können unseren Aussagen eine Menge Glanz verleihen. Ganz sicher ist der Inhalt unserer Antworten der Kern des Ganzen, aber eine ausgeprägte Wortgewandtheit macht es eben viel leichter, die passenden Worte zu finden. Um den Wortschatz zu erweitern ist der beste Tipp, ganz einfach mehr zu lesen! Egal, ob Bücher oder Zeitungen, beides hilft gleichermaßen. Des Weiteren ist es wichtig, seine Aussagen auf den Punkt zu bringen, anstatt zu lange herumzuschwafeln. Eine schlagfertige Antwort sollte meistens kurz, aber dafür deutlich sein.

3. Zuhören

Aufmerksames Zuhören ist die Basis für jede erfolgreiche Kommunikation. Heutzutage sind viele Menschen kaum noch in der Lage, ihren Mitmenschen aufmerksam zuzuhören. Anstatt sich darauf zu konzentrieren, was die andere Person eigentlich sagt, denken sie nur daran, was sie selbst als nächstes sagen können. Aber genau diese Fähigkeit ist äußerst wichtig beim Thema Schlagfertigkeit! Wenn Sie einen richtig guten Konter fahren möchten, dann ist es unerlässlich, aufmerksam zuzuhören.

4. Selbstironie

Selbstironie ist etwas, was uns nicht nur bei der Schlagfertigkeit hilft, sondern uns auch insgesamt viel sympathischer und charismatischer wirken lässt. Selbstironie verhilft uns zu mehr Beliebtheit in der Gesellschaft.

Schlagfertigkeit hat absolut nichts mit Beleidigungen zu tun. Oftmals beleidigen wir andere Personen, weil wir uns von ihnen angegriffen oder bedroht fühlen. Wenn wir einen wunden Punkt haben, über den wir nicht lachen können, so machen wir uns in dieser Hinsicht stets angreifbar. Wenn wir dann einen gemeinen Spruch an den Kopf geworfen bekommen, verlieren wir schnell die Fassung und reagieren aggressiv und versuchen krampfhaft einen passenden Konter zu finden.

Unter Wut wird dies aber in der Regel nicht funktionieren. Der Schlüssel liegt also darin, mehr Selbstironie an den Tag zu legen und die wunden Punkte nicht mehr als solche zu sehen. Wenn Sie in der Lage sind, über Ihre eigenen Schwächen zu lachen, so werden auch verbale Angriffe diesbezüglich einfach an Ihnen abprallen. Sie müssen es also schaffen, Ihrem Gesprächspartner von vornherein den Wind aus den Segeln zu nehmen, indem Sie ihm klarmachen, dass Sie auch die schlimmsten Beleidigungen nicht verletzen können. Wenn Sie sich selbst zu ernst nehmen, so geben Sie den Mitmenschen immer einen Anlass, Witze über Sie zu machen.

5. Antizipation

Bei diesem Punkt geht es auch wieder darum, aufmerksamer zu sein. Insbesondere wenn Sie sich in einem Gespräch mit einem Menschen befinden, der für seine unangemessenen Bemerkungen bekannt ist, sollten Sie mental darauf vorbereitet sein, zu jeder Zeit auf eine solche Bemerkung antworten zu müssen. In dieser Hinsicht gilt es, sich selbst zu fragen, mit welchen Bemerkungen Sie von dieser Person konfrontiert werden könnten. In diesem Fall müssen Sie jedoch aufpassen, sich nicht zu sehr darauf zu konzentrieren, was die andere Person sagen könnte und schließlich unaufmerksam zu werden. Es geht einfach darum, sich zu vergewissern, mit wem Sie gerade sprechen und was Sie von ihm erwarten können.

6. Wissen

Dieser Punkt ist angelehnt an den letzten. Auch hier geht es wieder darum, sich auf den Gesprächspartner einzustellen. Bei fremden Personen, denen wir nur einmal begegnen, ist dies natürlich schwierig. Meistens haben wir jedoch im Alltag immer wieder mit denselben Menschen zu tun. Daher gilt es, das Verhalten Ihrer Mitmenschen mehr oder weniger zu studieren. Welches sind die Schwächen einer Person? Welche Art von Sprüchen teilt diese Person oftmals und gerne aus? Und mit welchen Kontern konnten Sie diese Person in der Vergangenheit zum Schweigen bringen?

7. Die innere Haltung

Entscheidend ist letztendlich ein gesundes Maß an Selbstvertrauen. Und Selbstvertrauen geht einher mit Selbstbewusstsein. Wenn Sie sich Ihrer Selbst bewusst sind, also wissen, wer Sie sind und welche Stärken Sie besitzen, so fällt Ihnen vieles im Leben sehr viel leichter. Insbesondere der Umgang mit Ihren Mitmenschen stellt mit einem starken Selbstbewusstsein keine Probleme mehr dar. Tipps für ein selbstbewusstes Auftreten haben Sie bereits im letzten Kapitel erhalten. Eine selbstbewusste innere Einstellung benötigt jedoch noch mehr, als sich selbstbewusst zu präsentieren.

Selbstbewusstsein

Besonders wichtig hierfür ist das Erkennen der eigenen Stärken. Wer sich auf zu viele Dinge fokussiert, die er nur mittelmäßig beherrscht, wird in der Regel kein so starkes Selbstbewusstsein haben, wie jemand, der sich auf eine einzige Sache fokussiert, in welcher er ein Spezialist ist. Halten Sie sich also immer vor Augen, welche Dinge Sie besonders gut können. Eine besonders effektive Methode ist, ein Erfolgstagebuch zu führen, in welchem Sie Tag für Tag Ihre kleinen aber feinen Erfolge notieren. Sie können sich dadurch später jederzeit an diese Erfolge zurück erinnern. Setzen Sie sich des Weiteren Ziele, die Sie erreichen möchten. Ein Mensch, der ein Ziel verfolgt, wirkt in der Regel auch anziehender auf seine

Mitmenschen. Die Ziele sollten jedoch nicht zu groß sein, sodass sich nach kurzer Zeit Frustration breitmacht. Setzen Sie sich daher kleinere Ziele, die Sie nacheinander erreichen. So stärken Sie Ihr Selbstbewusstsein nachhaltig, ohne zu verzweifeln. Umgeben Sie sich vorwiegend mit positiv denkenden Menschen, denn die Positivität dieser Leute wird letztlich auch auf Sie abfärben. Selbstbewusstsein und positives Denken stehen in enger Verbindung zueinander. Auch durch sportliche Aktivitäten lässt sich das Selbstbewusstsein aufpäppeln. Speziell Ganzkörpertraining bzw. Muskelaufbautraining im Fitnessstudio dienen hierfür perfekt, damit Sie mit der Zeit Ihre Erfolge bemerken werden. Aber auch Ausdauertraining wie Joggen oder Spinningkurse sind sehr effektiv. Sie können sich hierbei richtig auspowern und an Ihre Grenzen gehen und so werden Sie erkennen, wie viel Potential in Ihnen steckt. Selbstbewusstsein stärken ist ein Thema für sich und würde hier in diesem Buch den Rahmen sprengen. Dennoch ist ein gesundes Selbstbewusstsein wichtig für eine gute Schlagfertigkeit. Es ist keine angeborene Fähigkeit, die niemand sonst erlernen kann. Jeder Mensch ist in der Lage, sich ein starkes Selbstbewusstsein anzueignen. Es benötigt nur den Willen, die Ausdauer und die Überzeugung, es auch zu schaffen.

Die richtige Vorbereitung

Mut

Im letzten Kapitel hatte ich die Wichtigkeit von gesundem Selbstbewusstsein bereits angesprochen. Zu einem starken Selbstvertrauen gehört auch Mut. Und diesen Mut letztendlich auch in Gesprächen mit Mitmenschen zu beweisen, ist nicht immer selbstverständlich – gemeint ist natürlich der Mut, einen schlagfertigen Konter zu setzen und sich damit in eine dominante Position zu bringen. Für eine gute Schlagfertigkeit ist es allerdings absolut elementar, mutig zu sein. Es geht ja schließlich auch nicht darum, eine andere Person anzugreifen, sondern nur darum, „zurückzuschlagen". Alle Menschen sind gleich viel wert und niemand muss sich von seinen Mitmenschen Gemeinheiten gefallen lassen. Schlagfertigkeit hat im Grunde etwas mit verteidigen zu tun. Und um sich zu verteidigen benötigen wir ebenfalls Mut.

„Nein" sagen

In diesem Punkt geht es darum, sich von vornherein bei seinen Mitmenschen Respekt zu verschaffen. Sagen wir immer zu allem „Ja" und versuchen wir immer, es allen anderen recht zu machen, ohne auch nur einmal unsere eigenen Interessen durchzusetzen, so laufen wir Gefahr, irgendwann von niemandem mehr respektiert oder wirklich wahrgenommen zu werden. Die Leute sehen über unsere Interessen hinweg, weil sie denken, dass wir sowieso immer mit allem einverstanden sind. In ihnen schleicht sich mit der Zeit das Gefühl ein, dass wir ohnehin nicht für unser eigenes Wohlbefinden einstehen und alles über uns ergehen lassen. Für rücksichtslose und unsensible Menschen werden wir somit zur Zielscheibe für Gemeinheiten und Erniedrigungen.

Der Punkt ist, je mehr Respekt wir uns verschaffen und je mehr Autorität wir ausstrahlen, umso seltener müssen wir die Schlagfertigkeit anwenden. Ich will Ihnen hiermit gewiss nicht raten, fortan zu allem „Nein“ zu sagen, nur damit Sie von der Gesellschaft mehr respektiert werden. Es geht lediglich darum, dass Sie zu Ihren Interessen stehen und nichts tun müssen, worauf Sie keine Lust haben. Wenn Ihr Interesse nunmal darin besteht, **nicht** am Samstag Vormittag für einen Arbeitskollegen einzuspringen, weil Sie schon etwas anderes geplant haben, dann setzen Sie Ihr Interesse durch und sagen Sie „Nein“. Sie brauchen deshalb kein schlechtes Gewissen zu haben oder zu denken, sich damit unbeliebt zu machen. Ihr Kollege hat keinen Grund, es Ihnen Übel zu nehmen. Und wenn er es doch tut, dann ist es, wie es so schön heißt, „sein Problem“. Letztendlich verschaffen Sie sich mit diesem „Nein“ aber mehr

Respekt, weil Sie damit verdeutlichen, dass Sie ein ehrlicher und eigenständiger Mensch mit eigenen Interessen sind.

Sachlichkeit

Sachlich zu argumentieren ist in jeder Gesprächssituation empfehlenswert. Verständlicherweise auch dann, wenn wir mit Schlagfertigkeit glänzen wollen. Wie Sie schon gelernt haben, geht es bei diesem Thema vor allem darum, Souveränität auszustrahlen. Wer aber einen anderen Menschen beleidigt oder gar ausrastet, ist nicht souverän in seinem Verhalten. Es ist letztlich auch egal, wie beleidigend oder sogar verletzend die Aussage Ihres Gegenübers ist, **Sie** sollten immer sachlich bleiben. Wenn Sie ebenfalls mit beleidigenden oder unsachlichen Aussagen antworten, so begeben Sie sich bloß auf das Niveau der angreifenden Person herab und das ist nicht Ihr Ziel. Ihr Ziel ist, stets gelassen zu bleiben und sich in eine höhere Position zu bringen. Gelassenheit ist hierbei also sehr entscheidend.

Gelassenheit können Sie unter anderem lernen durch regelmäßige Meditation. Es gibt viele verschiedene Meditationstechniken, deren Ziel es ist, gelassener durchs Leben zu gehen und sich einzig und allein auf das Hier und Jetzt, also auf diesen einen Moment zu konzentrieren. Alles, worum es im Leben geht, ist das Hier und Jetzt. Wir leben weder in der Zukunft, noch in der Vergangenheit. Ohne das Jetzt wären wir gar nicht existent. Meditationsanleitungen finden Sie zuhauf in verschiedenen YouTube Videos. Es existieren auch Bücher und Hörbücher mit gezielten Anleitungen zu diesem Thema. Auch Achtsamkeit, Dankbarkeit und Akzeptanz können helfen, eine gelassenere Einstellung zum Leben zu finden. All diese Themen sind mehr oder weniger miteinander verknüpft. Dankbarkeit hilft enorm dabei, ausgeglichener und zufriedener zu werden. Es fängt damit an, dankbar zu sein für das Leben an sich. Das Leben ist keine Selbstverständlichkeit, sondern ein Geschenk, welches die meisten Menschen nicht zu schätzen wissen. Dankbar für das Leben zu sein und somit achtsam mit unserem Körper und Geist umzugehen führt schließlich dazu, gelassener zu werden. Und auch die Akzeptanz spielt hier eine Rolle. Wie bereits erwähnt, sollten wir das Leben als ein Geschenk ansehen. Und daher gilt es für uns zu akzeptieren, dass die Dinge nunmal so sind, wie sie sind. Das heißt natürlich nicht, dass wir Menschen uns nicht darum bemühen müssten, gewisse Dinge zu ändern oder zu erforschen, warum sie denn so sind, wie sie sind. Aber die Voraussetzung dafür ist zuerst einmal, dass wir diese Dinge akzeptieren. Werden wir beispielsweise von unserem Partner verlassen, stürzt uns das oftmals in Liebeskummer. Um uns von diesem Liebeskummer zu befreien, ist es aber früher oder später notwendig, diese Trennung zu akzeptieren. Solange wir dazu nicht bereit sind, werden wir diese Trennung nicht verarbeiten können. Das ist im Grunde ein ganz normaler Verlauf der Dinge und daher ist es auch so leicht, den Effekt der Akzeptanz in Verbindung mit Gelassenheit zu veranschaulichen. Nach einem Liebesaus sind wir deprimiert, aber sobald wir das Aus akzeptieren, können wir nach und nach wieder gelassener mit dem Leben umgehen.

Assoziationstraining

Wie bereits schon einmal erwähnt, hilft ein großer Wortschatz enorm für eine gute Schlagfertigkeit. Durch Wortgewandtheit geben wir nicht nur jeder einzelnen Aussage mehr Glanz, sondern wir erhöhen allgemein unser Ansehen bei den Mitmenschen und verschaffen uns mehr Respekt. Je wortgewandter wir sind, umso mehr werden es sich andere Personen überlegen, uns überhaupt verbal anzugreifen. Wer lässt sich schon auf einen Kampf mit einem Karatekämpfer ein, wenn er weiß, dass dieser über wesentlich mehr Techniken verfügt?

Einen größeren Wortschatz können Sie unter anderem erreichen, indem Sie Ihre Assoziationsfähigkeit trainieren. Assoziieren bedeutet in etwa, dass wir zwei Vorstellungen miteinander verbinden. Für schlagfertige

Antworten kann dies ein riesiger Vorteil sein, denn je schneller wir in der Lage sind, eine bestimmte Situation oder eine Äußerung mit einem entsprechenden Bild zu verbinden und daraufhin unsere eigenen Worte finden, umso bessere Konter fallen uns schließlich ein.

Diese Technik wird im Übrigen auch im Improvisationstheater angewendet. Die Schauspieler stehen hier ohne Drehbuch auf der Bühne und müssen jederzeit in Sekundenschnelle auf die Äußerungen der anderen reagieren. Hierbei ist es nicht möglich, lange zu überlegen, da das Stück sonst stagniert. Das Improvisationstheater ist also unseren alltäglichen Situationen ziemlich ähnlich, da auch wir natürlich schnell und passend auf die Aussagen unserer Mitmenschen reagieren möchten.

Die Assoziationsfähigkeit lässt sich auf unterschiedliche Art und Weise trainieren. Der einfachste Weg ist es, aufmerksamer durch den Alltag zu gehen. Hierbei geht es darum, stets das eigene Umfeld zu beobachten und sich die Situationen selbst im Kopf zu beschreiben. Dabei empfiehlt es sich, in Gedanken nach weiteren Begriffen zu suchen, die diese Situation beschreiben könnten. Stehen Sie also beispielsweise beim Floristen in der Schlange, so können Sie sich folgende Worte durch den Kopf gehen lassen: Rose,

Sommerblume, Veilchen, Blumenstrauß, Lilie, Knolle, Tulpe usw. Noch effektiver lässt sich das Assoziieren zu zweit anwenden, beispielsweise bei einer längeren Autofahrt oder bei einer gemeinsamen Joggingrunde. Nachfolgend stelle ich Ihnen einige Assoziationsspiele vor:

Assoziationskette

Dies ist vielleicht das bekannteste Assoziationsspiel. Es geht schlichtweg darum, auf einen bestimmten Begriff einen dazu passenden Begriff zu finden. Wählt der eine Spieler zum Beispiel das Wort „Katze", so könnte der zweite Spieler die Wörter „Kralle" oder „Fauchen" wählen. Es geht letztlich nicht darum, die ganze Zeit nur Wörter zum Begriff „Katze" zu finden, sondern immer nur Wörter zum letztgenannten Begriff zu finden. Auf „Fauchen" würde also beispielsweise „Bellen" passen. Die Antworten sollten bei diesem Spiel möglichst schnell erfolgen, damit die Schnelligkeit trainiert wird. Und je schneller geantwortet wird, umso mehr Wörter lassen sich bei diesem Spiel am Ende finden. Denken Sie bei diesem Spiel nicht an richtig oder falsch. Es geht einzig und allein darum, schnelle Verknüpfungen zu finden.

Fragen und Antworten

Bei diesem Spiel stellt ein Spieler eine Frage oder eine Aufgabe, die der zweite Spieler beantworten muss. Eine Aufgabe könnte zum Beispiel sein: „Nenne eine Stadt ohne den Buchstaben O in Nordrhein-Westfalen". Etwas schwieriger könnte diese Frage sein: „Ohne mit ‚Ja', ‚Nein' und ‚Ich' zu antworten: Spielst du gerne Handball?". Darauf ließe sich folgendes antworten: „Handball hat mir noch nie gefallen. Besser gefällt mir Fußball".

Buchstabenkette

Bei der Buchstabenkette geht es darum, neue Wörter zu finden, die jeweils mit dem Endbuchstaben des letztgenannten Wortes beginnen. Lautet der erste Begriff also „Schildkröte", so muss das nächste Wort mit „E" beginnen, wie „Ente". Es sollte immer so schnell wie möglich eine Antwort gefunden werden. Um das Spiel zu erschweren, könnte die Regel eingeführt werden, dass nur Wörter aus einem bestimmten Bereich genannt werden dürfen, zum Beispiel Wörter aus der Tierwelt.

Fortsetzungsgeschichte

Hierbei sollen ganze Sätze gebildet werden und zwar so, dass am Ende eine ganze Geschichte entsteht. Im Grunde ist es ganz simpel: Ein Spieler bildet einen Satz. Daraufhin fügt der andere Spieler einen weiteren Satz hinzu. Ob die Geschichte letztendlich logisch ist, spielt dabei keine Rolle. Dennoch sollten bei den nacheinander aufgesagten Sätzen jeweils Verbindungen zu erkennen sein.

Zusammengesetzte Wörter

Dieses Spiel hat zum Ziel, zwei Wörter zu einem einzigen Wort zusammenzufassen. Zunächst nennt der erste Spieler einen Begriff wie zum Beispiel „Lehrer“. Der zweite Spieler muss nun ein Wort finden, mit dem man zusammen mit dem Wort „Lehrer“ ein ganz neues Wort bilden kann wie „Zimmer“, also „Lehrerzimmer“. Sind drei Spieler anwesend, so könnte dieser auch noch ein drittes Wort anhängen wie „Tür“, also „Lehrerzimmertür“.

Solche Spiele lassen sich am besten anwenden, wenn Sie einen Partner haben. Aber auch alleine können Sie es in bestimmten Situationen probieren. Es hilft übrigens auch dabei, die Gedanken an die Arbeit oder negative Gedanken zu vergessen.

Die Grundregeln

Die richtige Einschätzung einer Situation ist sehr wichtig, um zu erkennen, wann welche Art von schlagfertiger Antwort angebracht bzw. angemessen ist. Wichtig ist erst einmal, zu erkennen, dass es einen großen Unterschied macht, ob wir gerade einen Freund, einen Arbeitskollegen, einen Vorgesetzten oder einen völlig Fremden vor uns haben. Eine schlagfertige Antwort sollte grundsätzlich **niemals** beleidigend sein. Allerdings darf sie bei einem Freund durchaus auch mal ein wenig flapsig und frech sein. Freche Antworten sollten jedoch bei einem Vorgesetzten in jedem Falle vermieden werden. Des Weiteren gilt es also, die Situation einzuschätzen. Bei einem traurigen Anlass wie einer Beerdigung sollten wir Feingefühl entwickeln und uns selbstverständlich etwas zurücknehmen. In fröhlichen, entspannten Momenten, auf Feiern oder in normalen Alltagssituationen können wir unsere Schlagfertigkeit wiederum voll ausleben.

Die Situation erkennen

Das Wichtigste ist zunächst mal, blitzschnell die Situation zu erkennen. In gewohnten Situationen, wie am Arbeitsplatz oder im Umfeld von guten Freunden, fällt dies nicht sehr schwer. Wir wissen meistens genau, wie wir mit den Menschen sprechen können, mit denen wir fast täglich in Kontakt stehen.

Deutlich schwieriger verhält es sich aber in Situationen in der Öffentlichkeit, in denen wir von Fremden attackiert werden. Dies sind Momente, die uns in der Regel nicht bekannt sind, weil wir jedes Mal von anderen Menschen umgeben sind. In solch einem Fall müssen Sie sich nicht allzu sehr zurückhalten. Einem fremden Menschen, der Sie wie aus dem Nichts verbal angreift, können Sie auch gerne eine passende schlagfertige Antwort geben.

Befinden Sie sich in Institutionen oder Ämtern, so sollten Sie sich jedoch wieder ein wenig zurückhalten. Selbstverständlich brauchen Sie sich niemals eine Beleidigung gefallen zu lassen. Solche sind jedoch in Banken, bei Steuerberatern, bei Rechtsanwälten, beim Finanzamt usw. eher unüblich. Falls Sie aber doch einmal mit einem unfreundlichen Kommentar konfrontiert werden, so sollten Sie dennoch etwas friedlicher reagieren. Letztendlich haben Sie ein Anliegen, Sie möchten etwas von diesen Institutionen. Daher sollten Sie es unbedingt vermeiden, die Mitarbeiter zu provozieren. Schlagen Sie einmal etwas über die Stränge, so legen Sie sich bloß Steine in den Weg.

Wortgewandtheit

Kommen wir noch einmal zurück auf den Punkt „Wortgewandtheit". Schlagfertigkeit lebt am Ende vom gesprochenen Wort. Es ist also vorteilhaft, ständig den Wortschatz zu erweitern. Die deutsche Sprache enthält schätzungsweise bis zu 500.000 Wörter. Die Anzahl der Wörter, die wir gewöhnlich im Alltag benutzen ist äußerst gering. Den Wortschatz zu erweitern ist also zu vergleichen mit dem Lernen von Englisch Vokabeln. Es gibt tatsächlich immer wieder neue Wörter zu entdecken, die wir uns einprägen und im Alltag anwenden können. Letztendlich profitiert nicht nur unsere Schlagfertigkeit hiervon, sondern auch unsere Kommunikationsfähigkeit im Allgemeinen. Einige Assoziationsübungen zum Lernen bzw. Einprägen von Wörtern haben Sie bereits kennengelernt.

Diese Wörter sollten mehr oder weniger in Fleisch und Blut übergehen. Bei Schlagfertigkeit geht es darum, schnell und spontan zu antworten. Es sollte niemals so wirken, als wären die Antworten stumpf auswendig gelernt. Mit ein wenig Ausdauer beim Lernen von neuen Wörtern kommt diese Spontaneität irgendwann von ganz alleine. Wichtig dabei ist aber auch, sich in brenzligen Situationen keine Sorgen zu machen über fehlende Wortgewandtheit, sondern offensiv zu denken und den Gesprächspartner schnell zu überraschen. Im

Übrigen ist es für eine schlagfertige Person wichtig, Beleidigungen oder Sprüche niemals persönlich zu nehmen. Nehmen Sie sich die Worte Ihres Gegenübers zu sehr zu Herzen, so brauchen Sie in der Regel etwas Zeit, um den Schmerz zu verarbeiten. In Sekundenschnelle zu antworten funktioniert nur, wenn Sie nicht zu emotional werden.

Schlagfertigkeit vs. Frechheit

Dinge, die unter Freunden und allgemein im privaten Umfeld erlaubt sind, können sich am Arbeitsplatz als gefährlich erweisen. Bei unserem Chef sollten Sie natürlich stets Vorsicht walten lassen. Aber auch gegenüber Arbeitskollegen empfiehlt es sich, mit Fingerspitzengefühl vorzugehen. Unsere Arbeitskollegen treffen wir meistens jeden Tag. Wir verbringen also einen Großteil unserer Woche mit ihnen. Selbst, wenn wir selbstbewusst und schlagfertig sind, so kann ein angespanntes Arbeitsumfeld langfristig Stress auslösen und unserer Gesundheit schaden. Es ist daher ratsam, beim schlagfertigen Kontern immer sachlich und fair zu bleiben. Da viele Menschen in ihren Arbeitskollegen keine Freunde, sondern schlichtweg Kollegen, sehen, sind sie gar nicht wirklich daran interessiert, ein lockeres Verhältnis aufzubauen. Eine flapsige Antwort, die ein guter Freund locker weggesteckt hätte, kann bei einem Arbeitskollegen also manchmal falsch ankommen.

Dennoch ist es wichtig, freche und unangemessene Aussagen nicht einfach schweigend über sich ergehen zu lassen, sondern eine Reaktion zu zeigen. Falsche Anschuldigungen oder Sprüche wie „Dank deiner schludrigen Arbeit darf ich jetzt Überstunden machen" müssen Sie sich nicht gefallen lassen. In solch einem Fall sollten die Anschuldigungen also unbedingt zurückgewiesen werden.

Es gilt in diesem Fall Stärke zu zeigen und sich zur Wehr zu setzen. Ein Mensch, der ständig andere auf sich herumtreten lässt, verleugnet sich nur selbst. Wir lernen meistens schon in der Kindheit, dass wir uns in gewissen Situationen selbst wehren müssen. Im Umgang mit anderen Kindern oder Geschwistern lassen unsere Eltern uns ganz bewusst Konflikte selbst austragen, damit wir lernen, uns selbst, unsere Stärken und Schwächen besser einzuschätzen.

Standhaftigkeit und Schlagfertigkeit zahlen sich in jeder Lebenslage aus. Besonders am Arbeitsplatz können wir uns somit eine Menge Respekt verschaffen, sofern wir sachlich bleiben und niemandem zu nahe treten.

Humorvoll und sympathisch bleiben

Eine humorvolle Antwort zahlt sich sehr oft aus. Wer humorvoll und selbstironisch antworten kann, der hat gewissermaßen die höchste Stufe der Schlagfertigkeit erreicht. Unterläuft uns ein Fauxpas bei der Arbeit, der sich jedoch nicht allzu gravierend und negativ auf das Geschäft auswirkt, und werden wir von einem Kollegen darauf angesprochen, so kann es sehr hilfreich sein, auf lustige und selbstironische Art und Weise zu reagieren. Wir laufen dadurch nämlich nicht Gefahr, eine andere Person in Verlegenheit zu bringen, sondern lenken die Aufmerksamkeit ganz offen und ehrlich auf uns selbst und zwar auf eine solche Weise, dass die Kollegen es sympathisch finden.

Es hat wenig Sinn, einen offensichtlichen Fehler zu leugnen. Und es wirkt oftmals verkrampft, wenn wir versuchen, irgendeine Erklärung für einen Fehler zu suchen. Sie brauchen sich niemals für einen Fehler zu schämen. Fehler sind absolut menschlich und letztendlich geht es um die Art und Weise, wie man zu ihnen steht. Sie abzustreiten wirkt wenig selbstbewusst, daher ist es gerade für schlagfertige Personen wichtig, in die Offensive zu gehen und eine lockere und unterhaltsame Antwort zu geben.

Auch bei Vorträgen auf der Arbeit, im Studium oder in der Schule, was bei vielen Menschen Unbehagen und Scham auslöst, empfiehlt es sich, mit Lockerheit und Selbstironie an die Sache heranzugehen. Den meisten Menschen fällt es schwer, vor einer großen Gruppe einen Vortrag zu halten. Jeder kennt die Gefahr, sich zum Gespött zu machen und jeder weiß, wie schwierig es ist, vor der Menge zu stehen und fehlerfrei und verständlich vorzutragen. Mit Selbstvertrauen, Lockerheit und Witz gewinnen Sie schnell die Sympathien und die Aufmerksamkeit der Zuhörer. Auch schüchterne Menschen können mit lustigen Sprüchen ihren allgemein ängstlichen und verhaltenen Auftritt vergessen machen.

Stehen wir uns selbst im Weg?

Wie oft hatten wir in unserem Leben schon einen Moment, in dem wir von einer frechen Bemerkung erfasst wurden und in dem wir mit einem klugen und lustigen Spruch erwidern wollten, um unser Selbstwertgefühl zu festigen und unserem Gegenüber mitzuteilen, dass wir uns nicht alles gefallen lassen?! Sie selbst hatten sicherlich schon oft diesen Moment, denn sonst würden Sie sich nicht für das Thema Schlagfertigkeit interessieren.

Aber genau solche Momente erleben nicht nur Sie, sondern die meisten Menschen sehr oft. Sie stehen verlegen und wie angewurzelt auf dem Fleck und suchen nach einer treffsicheren Antwort. Das wirkt nicht nur sehr steif, sondern oftmals schaffen sie es nicht mal, überhaupt ein einziges Wort über die Lippen zu bringen. Doch Stunden später fällt ihnen dann ein idealer Spruch ein, den sie hätten anwenden können. Genau so geht es vielen anderen Menschen auch. Aber warum fehlt uns in solchen Augenblicken oftmals die Schlagfertigkeit?

Mit vielen Situationen können wir schlichtweg nicht rechnen. In unserem Leben wird es immer wieder zu Gesprächssituationen kommen, von denen wir vollkommen überrascht sind und zu welchen uns ganz einfach keine passenden Worte mehr einfallen. Oftmals sind es Momente, in denen wir uns sicher fühlen und rein gar nichts befürchten. Es ist also mehr oder weniger die eigene Gelassenheit, die uns in solchen Momenten überrascht. Die Gelassenheit ist dann allerdings am Ende nicht stark genug, um auch schlagfertig zu antworten. Besonders in alltäglichen Situationen werden wir oft von unseren Mitmenschen auf unsere Schlagfertigkeit getestet.

Gehen wir beispielsweise in ein Einzelhandelsgeschäft, um uns dort von einem Verkäufer über ein Produkt beraten zu lassen, dann erwarten wir selbstverständlich, freundlich und zuvorkommend behandelt zu werden. Befinden wir uns am Arbeitsplatz, so gehen wir davon aus, dass wir von unseren Kollegen als geschätzter Mitarbeiter und Teil des Teams wahrgenommen werden. Unternehmen wir einen Spaziergang im Park, um gedanklich abzuschalten und einfach nur die schöne Natur zu genießen, rechnen wir mit etwas Einsamkeit. In all diesen drei Beispielen gibt es keinerlei Grund, uns über freche, beleidigende und dumme Sprüche Gedanken zu machen.

Es entwickeln sich im Verlaufe des Lebens ganz einfach Routinen, die gewissermaßen automatisch ablaufen. Außerdem bauen sich mit der Zeit Erwartungen auf, die für uns völlig normal erscheinen. So auch in den oben genannten Beispielen:

- In einem Fachhandelsgeschäft befinden sich hilfsbereite und freundliche Verkäufer, die uns kompetent beraten.
- Die Arbeit ist wie ein zweites zu Hause und dort herrscht ein freundliches und respektvolles Miteinander.
- Beim Spazieren im Park sind wir alleine und können die frische Luft genießen.

Dies sind Erwartungen, die wir normalerweise haben. Und diese Erwartungen sind auch nicht verkehrt, denn wenn wir andererseits davon ausgehen, in Einzelhandelsgeschäften unfreundlich behandelt zu werden, dann würden wir diese in Zukunft wahrscheinlich meiden.

Aber besonders in solchen Momenten sind wir anfällig für fiese Kommentare und kaum in der Lage, entsprechend schlagfertig zu kontern. Auf die obigen Beispiele bezogen könnte das in etwa so aussehen:

- Der Verkäufer ist unsensibel, arrogant und überheblich und reitet die ganze Zeit mit gemeinen Sprüchen auf unserer Unwissenheit herum.

- Der Arbeitskollege bekommt nicht die erhoffte Gehaltserhöhung und lässt daraufhin seinen Frust mit fiesen Sprüchen an uns aus.
- Beim Spaziergang werden wir ganz plötzlich von einem vorbeifahrenden Fahrradfahrer übel beschimpft, weil wir angeblich den Weg blockiert haben.

Dieser Überraschungseffekt ist es letztendlich, der uns in manchen Situationen apathisch wirken lässt. Schließlich ist es auch egal, ob die Bemerkung nun wichtig oder unwichtig ist, ob sie einen besonderen Einfluss hat oder nicht, sie beschäftigt uns trotzdem. Unser Verstand hindert uns in solchen Momenten, schlagfertig zu reagieren. Eine innere Blockade, die es uns nicht ermöglicht, einen treffsicheren Konter zu landen und gelassen und souverän aufzutreten.

Es ist nunmal schwierig, geistig immer vollkommen anwesend und auf alles vorbereitet zu sein. Insbesondere in Situationen, in denen wir ohnehin schon unter Druck stehen. Langsames und gründliches Denken ist in der Regel hilfreicher, um gute Lösungen zu finden. Wir benötigen also Zeit, um unseren Verstand wachzurütteln und nach einem schlagfertigen Konter zu suchen. Aber genau diese Zeit fehlt uns in solchen Momenten.

Eine gute Vorbereitung ist daher von großer Bedeutung. Im weiteren Verlauf des Buches werden Sie noch Gesprächstechniken, Kontersprüche und Antwortmöglichkeiten kennenlernen. In diesem Teil des Buches geht es erst einmal darum, die Gründe für die innere Blockade zu erkennen und diese möglichst einfach zu überwinden. Folgende Faktoren können eine Blockade bei Ihnen verursachen:

- **Stress:** Sie sind mit der Situation überfordert und wissen nicht, was zu tun ist. Sie geraten unter Stress und es macht sich ein Gefühl der Hilflosigkeit breit. Sie sind nervös, schwach und nicht in der Lage, vernünftig zu denken.
- **Überraschung:** Sie werden urplötzlich von einer Person angegriffen, womit Sie nicht gerechnet haben.
- **Selbstvertrauen:** Ihr Selbstvertrauen bröckelt an diesem Tag. Sie fühlen sich selbst mehr oder weniger hilflos und setzen sich selbst herab.
- **Langsam:** Alles geht Ihnen gerade zu schnell. Sie sind zu langsam und benötigen einfach mehr Zeit für eine passende Antwort.
- **Souveränität:** Sie haben das Gefühl, dass Ihnen die Souveränität abhanden

gekommen ist und wenn Sie nicht schnell reagieren, ziemlich blöd aussehen werden.

Sehen Sie sich selbst in einem dieser Punkte wieder? Haben Sie sich in bestimmten Situationen schon ähnlich gefühlt? Was können Sie also tun, um sich von solchen inneren Blockaden zu befreien?

Es gibt mehrere Strategien, um Lösungen für solche Situationen zu finden und zwar auch solche, die mehrere Faktoren gleichzeitig lösen können.

Die Blockade überwinden

Im Folgenden werde ich Ihnen nun einige Methoden zeigen, mit welchen Sie Ihre inneren Blockaden leichter überwinden können. Versuchen Sie, diese Strategien auch gleichzeitig als Strategien für mehr Schlagfertigkeit insgesamt zu erachten.

Die Vorbereitung

Im Leben läuft nicht immer alles nach Plan, das ist Ihnen sicher bewusst. Diese Erkenntnis sollte Sie jedoch nicht davon abhalten, sich stetig weiterzuentwickeln und Ihr Wissen und Können auszubauen. Sie sollten stets offen und flexibel sein für Überraschungen unterschiedlichster Art. Einzelne Situationen des Lebens lassen sich nicht vollkommen durchplanen und das Ende eines konfliktreichen Gespräches lässt sich niemals voraussagen. Dennoch können Sie versuchen, Einfluss darauf zu nehmen, indem Sie:

- **schlagfertige Formulierungen** mit der jeweils passenden Intonation und der richtigen Mimik schon vorab üben und eventuell eintretende Gespräche so realitätsnah wie möglich durchspielen,
- sich auf **wichtige Fälle** konzentrieren, die mit höherer Wahrscheinlichkeit eintreten könnten und sich schließlich über Ihre Schwachstellen bewusst werden,
- sich über die **Grundsätze der Kommunikation** informieren und diese in zukünftigen Gesprächen anwenden, um diese letztlich gezielt zu Ihrem Vorteil steuern.

Es empfiehlt sich, ein paar schlagfertige Sprüche zu sammeln und diese zu verinnerlichen, um in bestimmten Situationen jederzeit einen starken Konter parat zu haben. Fangen wir einmal an mit folgendem Beispiel, welches Ihnen möglicherweise sogar bekannt vorkommt:

Arne wird von seiner Arbeitskollegin Sabrina verbal angegriffen:

„Arne, du arbeitest sowohl langsam als auch schlecht. Mit dir werden wir dieses Projekt niemals fertig bekommen!"

Als schlagfertige Antwort würde sich folgendes Beispiel anbieten:

„Naja, Sabrina. Ich wäre ja wirklich gerne so ein Überflieger wie du. Wenn ich meine Aufgaben genauso schnell abarbeiten könnte wie du, dann hätte ich auch viel Zeit, um meinen Kollegen mit blöden Sprüchen auf die Nerven zu gehen."

Sachliche Argumentation

Wie ich aber bereits vorher schon erwähnte, geht es vor allem bei der Arbeit darum, eher sachlich zu antworten. Sie können sich auch mit Offenheit wehren und Ihrem Gegenüber klarmachen, dass Sie solche Anschuldigungen nicht einfach auf sich sitzen lassen werden. Es geht darum, durch ein selbstbewusstes und humorloses Auftreten den Arbeitskollegen darauf hinzuweisen, dass Sie sich einen respektvollen Umgang miteinander wünschen. Bei solch einer Antwort lässt sich durchaus auch ein wenig Frechheit mit einbauen, aber letztendlich sollten Sie sich auf die Sachlichkeit konzentrieren.

„Du hast durchaus recht, Sabrina. Ich weiß selbst, dass ich es besser kann. Aber weise mich in Zukunft bitte in einem höflicheren Ton darauf hin!"

„Ich kann mein Arbeitstempo gerne erhöhen, Sabrina. Aber nur, wenn du mir versprichst, in Zukunft respektvoller mit deinen Kollegen umzugehen!"

Bei diesen Aussagen ist es wichtig, dass sie selbstbewusst und respektvoll vorgetragen werden. Sie sollten dabei also sachlich bleiben und Ihrem Gegenüber klarmachen, dass Sie sich von frechen Bemerkungen nicht aus der Fassung bringen lassen.

Die beiden letztgenannten Antworten sind nun nicht wirklich schlagfertig. Aber sie haben den Vorteil, dass sie nicht extra geübt und auswendig gelernt werden müssen. Es bedarf einfach nur Ehrlichkeit und eines gesunden Selbstbewusstseins. Es wird also einfach nur der Wunsch eines fairen Umgangs miteinander angesprochen. Durch solch eine zurückhaltende Antwort entsteht außerdem die Möglichkeit, den Konflikt nun auf konstruktive Art und Weise beizulegen.

Humor und Selbstironie

Wie im letzten Kapitel bereits angesprochen, eignen sich Humor und Selbstironie hervorragend, um dumme Sprüche an sich abprallen zu lassen. Auf diese Weise lassen sich unangenehme Situationen blitzschnell in Nichts auflösen. Durch eine Portion Selbstironie nehmen Sie der angreifenden Person die Möglichkeit, noch einen Spruch „oben drauf" zu setzen. Gleichzeitig werden diese Person und eventuell noch andere Leute zum Lachen gebracht, wodurch sich die gegenwärtige Stimmung verbessert. Humorvoll zu antworten funktioniert in der Regel aber nur dann, wenn Sie sich auch wirklich wohlfühlen. Fühlen Sie sich durch eine Aussage emotional verletzt, so wird es Ihnen kaum gelingen, mit einem witzigen Spruch zu antworten.

Letztendlich sollten Sie aber auch beachten, dass Sie nicht krampfhaft nach irgendeinem Witz suchen sollten. Dadurch blockieren Sie sich wieder nur selbst. Sie sollten bloß Ihrem Gegenüber klarmachen, dass Sie diese Situation auf keinen Fall ernst nehmen.

Wenn wir auf unser Beispiel mit Arne und Sabrina zurückblicken, könnte eine humorvolle Antwort wie folgt aussehen:

„Immer mit der Ruhe, ich bin ja schließlich auf der Arbeit und nicht auf der Flucht!"

Selbst wenn die Bemerkung Ihres Gegenübers noch so unfair und hässlich war, Sie bleiben selbstbewusst und stark und zeigen somit, dass Sie sogar über sich selbst lachen können.

Bosheit

In einigen Fällen reicht es jedoch nicht, sachlich zu bleiben oder mit Selbstironie aufzutrumpfen. Wenn Ihr Gegenüber seine frechen und unangemessenen Bemerkungen nicht einstellen will, dann dürfen Sie selbst auch ein wenig boshafter werden. Vor allem in Situationen, in denen Sie tatsächlich verunglimpft und auf übelste Weise angegangen werden, ist es nicht genug, eine lustige Bemerkung zu äußern. Ebenso wenig bringt es, Ihr Gegenüber nochmals und nochmals an seine Vernunft zu erinnern und ihn um einen freundlicheren Ton zu bitten. In solchen Momenten können Sie den Spieß ganz einfach umdrehen und zurückschlagen. Für unser obiges Beispiel würde sich folgende Antwort anbieten:

„Naja, ich nehme mir einfach nur ein Beispiel an meiner geschätzten Arbeitskollegin Sabrina. Sie ist mein größtes Vorbild, insbesondere in Hinsicht auf ihr loses Mundwerk!“

Solche boshaften Antworten sollten in der Praxis aber nur selten benutzt werden. Sie können sowohl sehr verletzend sein und das Selbstwertgefühl beschädigen, als auch den Streit noch weiter ausufern lassen. Und vor allem bei der Arbeit kann das Arbeitsumfeld dadurch nachhaltig belastet werden.

Ein kleiner Seitenhieb kann außerdem zum Vorteil haben, dass diese Person Sie in Zukunft vielleicht nicht mehr provozieren wird, weil sie nun weiß, was sie erwartet. Dennoch sei an dieser Stelle noch einmal erwähnt, dass Sachlichkeit und Freundlichkeit immer an erster Stelle stehen sollten. Sie müssen nicht jeden Menschen mögen, aber letztlich sollten Sie jeden anderen genau so behandeln, wie Sie selbst auch behandelt werden möchten.

Würden alle Menschen genauso denken, dann bräuchte sich auch niemand mehr Schlagfertigkeit antrainieren. Leider ist es aber nicht so. Manchmal führt eben kaum ein Weg daran vorbei, einen härteren Umgangston zu wählen.

Schlagfertigkeit – zurückhaltende Methoden

Wie Sie bereits gelernt haben, sind Diplomatie und Fingerspitzengefühl besonders im Berufsleben von großer Bedeutung. Aber auch im privaten Alltag ist es empfehlenswert, sich immer auf sachlicher Ebene zu begegnen. In diesem Kapitel stelle ich Ihnen nun fünf spezielle Techniken vor, die allesamt darauf ausgerichtet sind, respektvoll miteinander umzugehen.

Sachebene

Während eines Gespräches, vor allem auf der Arbeit, möchten wir gerne durchweg auf der Sachebene bleiben. Das heißt, wir möchten Beleidigungen, Wutausbrüche und Streitereien vermeiden. Im folgenden Beispiel wird der Angestellte Herr Schmidt, der angeblich einen Fehler begangen hat, wütend von seinem Vorgesetzten Herrn Carstens angegangen:

Herr Carstens: „Herr Schmidt, unsere Zahlen sehen ja grauenhaft aus! Was ist da passiert?“

Herr Schmidt: „Wir stehen wirtschaftlich dieses Jahr leider nicht allzu gut da, Herr Carstens.“

Herr Carstens: „Wie konnte das denn passieren? Dabei haben wir doch so viele wichtige Vorbereitungen getroffen! Ich wette, das liegt einzig und allein an Ihrer Inkompetenz!"

Der Angestellte Herr Schmidt befindet sich in dieser Situation eindeutig in der Defensive. Er wird von seinem Vorgesetzten scharf attackiert und könnte im Gegenzug einen harten Konter austeilen. In diesem Fall eignet sich jedoch eine Kommunikation auf der Sachebene, die auch eine weitere Zusammenarbeit zwischen beiden Parteien ermöglicht:

Herr Schmidt: „Solche Beleidigungen bringen uns jetzt nicht unbedingt weiter. Wir können doch zusammen versuchen, eine Lösung zu finden, damit wir uns auf das nächste Jahr besser vorbereiten."

Anstatt wie in einer Schockstarre dazustehen oder zu versuchen, sich mit irgendwelchen Ausreden zu rechtfertigen, schlägt Herr Schmidt die Zusammenarbeit vor, um die Ergebnisse im nächsten Geschäftsjahr zu verbessern. Diese Art der Streitbeilegung kann man auch als „zukunftsorientiertes Kommunizieren" bezeichnen.

Gegenfrage

Die Gegenfrage ist ebenso eine effektive Schlagfertigkeitstechnik. Mit einer Gegenfrage können wir uns die stärkere Position sichern und das Gespräch letztlich zurück auf die Sachebene führen. Im folgenden Beispiel attackiert Anna ihren Freund Daniel, weil dieser die Milch hat überkochen lassen:

Anna: „Wieso ist denn die Kochplatte so schmutzig?"

Daniel: „Ich habe die Milch überkochen lassen."

Anna: „Du hast die Milch überkochen lassen? Was kannst du eigentlich?"

Daniel: „Kannst du es denn besser?"

Haben Sie diesen Dialog kritisch hinterfragt? In diesem Fall ist die Gegenfrage von Daniel nämlich nicht optimal, denn er fordert seine Freundin mehr oder weniger heraus, es besser zu machen, was ihr in der Tat nicht schwer fallen dürfte. In dieser Situation empfiehlt sich ebenfalls wieder das zukunftsorientierte Kommunizieren:

Anna: „Du hast die Milch überkochen lassen? Was kannst du eigentlich?"

Daniel: „Magst du mir vielleicht verraten, wie ich es beim nächsten Mal besser machen kann?"

Daniel sichert sich durch diese Gegenfrage einerseits die stärkere Position und andererseits hebt er die Fähigkeiten seiner Freundin Anna hervor. Menschen lieben es in der Regel, wenn andere Leute ihre Fähigkeiten hervorheben oder nach Hilfe fragen.
Eine rhetorische Frage kann in manchen Situationen Sinn machen, aber manchmal auch für Unruhe sorgen:

Vorgesetzter: „Sind Sie eigentlich wirklich so blöd oder tun Sie nur so?"

Herr Simon: „Ist denn irgendetwas nicht in Ordnung?"

Vorgesetzter: „Wie kommen Sie denn darauf, Herr Simon? Nein, natürlich nicht! Ihr Bericht ist die reinste Katastrophe!"

Herr Simon: „Okay, und möchten Sie mir denn sagen, wie es richtig geht?" – rhetorische Frage

Vorgesetzter: „Wie war das? Passen Sie auf, was Sie sagen!"

Herr Simon: „Wollen wir gemeinsam daran arbeiten? Was hätten Sie anders gemacht?"

Herr Simon konnte durch gezieltes Nachfragen etwas mehr über die Aussage seines Vorgesetzten erfahren. In angespannten Situationen ist es daher empfehlenswert, eine Deeskalation anzustreben durch zukunftsorientiertes Kommunizieren. Rhetorische Fragen sollten daher vernachlässigt werden.

Kompliment-Methode

Da wir Menschen gerne Komplimente hören, neigen wir oftmals dazu, leichtgläubig zu werden. Wenn wir positive Eigenschaften unseres Gegenübers hervorheben, sammeln wir gewissermaßen Pluspunkte, wodurch wir die Situation entspannen können.

Im folgenden Beispiel kritisiert Tanja die Arbeit ihres Kollegen Stefan:

Tanja: „Was ist denn das für ein Blödsinn? Damit können wir doch nicht zum Chef gehen!"

Stefan: „Also ich hätte ein wenig mehr konstruktive Kritik von dir erwartet, denn sonst bist du doch auch immer sehr diplomatisch."

Diese Technik lässt sich umso besser anwenden, je mehr Sie über Ihr Gegenüber wissen. Das heißt, welche Vorlieben hat er, welche Komplimente schlagen bei ihm an? Bei der Kompliment-Methode sollte jedoch stets auf den Ton geachtet werden. Wirkt das Kompliment sarkastisch, so wird sich die Situation bloß verschlimmern. Es sollten daher niemals Beleidigungen in Komplimente verpackt werden, wie zum Beispiel: *„Du kannst das ja so gut!"*. Außerdem sollte stets auf die eigene Körpersprache und Stimme geachtet werden, denn diese Faktoren nimmt ein Gesprächspartner ebenfalls wahr.

Schweige-Methode

Die Schweige-Methode ist in der Umsetzung nicht so leicht, wie es zunächst einmal scheint. Es geht nicht nur darum, einfach zu schweigen und keine Antwort zu geben. Diese Methode benötigt eine starke Körpersprache und ein durchweg selbstbewusstes Auftreten. Stellen Sie sich einmal vor, dass Sie auf eine freche Bemerkung mit einem Schweigen reagieren. Dabei gibt es zwei Möglichkeiten, wie Sie sich verhalten können:

- Sie schauen auf den Boden und machen sich klein. Sie haben einen starren Blick und verschränken Ihre Arme.
- Sie halten den Blickkontakt mit Ihrem Gegenüber und heben ganz leicht Ihren Kopf. Sie lassen Ihre Schultern nach hinten fallen und machen Ihren Körper breit.

Bei der ersten Variante wirken Sie mehr wie ein Feigling, der sich seinem Gegenüber unterwirft. Die zweite Variante stellt eine selbstbewusste Person dar, an welcher die verbale Attacke einfach abperlt. Durch das Schweigen können Sie die andere Person im Übrigen nochmal zu einer weiteren Aussage verleiten. Durch das Zusammenziehen der Augenbrauen und ein leichtes Senken des Kopfes zur linken oder rechten Seite, geben Sie sozusagen die Antwort: *„Ich verstehe nicht, was du meinst. Erklär es mir noch einmal"*. In vielen Fällen weiß die Person dann nämlich gar nicht, wie sie es erklären soll und lässt einfach nur ein *„War bloß ein Scherz"* folgen, wodurch sie selbst in Verlegenheit gerät.

Zustimmungs-Methode

Abgesehen von Komplimenten hören wir Menschen es auch immer gerne, wenn wir Zustimmung erhalten. Insbesondere, wenn jemand meint, es besser zu wissen, so kann es helfen, dieser Person am Ende einfach zuzustimmen, um die Situation zu entschärfen. Wichtig dabei ist, einen sarkastischen Ton zu vermeiden, um die Person nicht noch weiter zu verärgern. In folgendem Beispiel geht es erneut um Herrn Schmidt und seinen Vorgesetzten Herr Carstens:

Herr Carstens: „Also wie kann man diese Aufgabe nur so gewaltig in den Sand setzen?

Herr Schmidt: „Was meinen Sie genau?“

Herr Carstens: „Dies passt nicht, das passt nicht …“

Herr Schmidt: „Lassen Sie uns zusammen daran arbeiten. Wie würden Sie die einzelnen Dinge verbessern?“

Herr Carstens: „Es ist völlig egal, was ich machen würde. Es war schließlich Ihre Aufgabe!“

Herr Schmidt: „Aber wir könnten sie gemeinsam lösen, also lassen Sie es uns doch zusammen angehen.“

Herr Carstens: „Ich soll mich mit Ihrer Inkompetenz auseinandersetzen? Vergessen Sie das bloß!“

Herr Schmidt: „Ja, da haben Sie recht. Das führt wahrscheinlich zu nichts.“

Die wichtigsten Fähigkeiten

In brenzligen Situationen fällt es manchmal nicht leicht, sich für die richtige Schlagfertigkeitstechnik zu entscheiden. Daher gibt es auch allgemeine Tipps, die Ihnen in solchen Momenten weiterhelfen, um einen passenden Konter auszuwählen. Die nachfolgenden Tipps gelten sowohl für die fünf bisherigen Techniken, als auch für die Techniken, die ich Ihnen im nächsten Kapitel vorstellen werde.

Aktives Zuhören

Für eine erfolgreiche Kommunikation sind Aufmerksamkeit und aktives Zuhören unerlässlich. In der heutigen Zeit sind viele Menschen weniger damit beschäftigt, ihrem Gegenüber wirklich zuzuhören, sondern viel mehr damit, selbst wieder zu Wort zu kommen. Durch aktives Zuhören können wir aber sehr viel mehr Verständnis für unsere Gesprächspartner aufbringen. Ein Mensch, der wutgeladen mit uns spricht, scheint auf den ersten Blick sauer auf uns zu sein. Wenn wir jedoch ernsthaft zuhören, dann erkennen wir, dass er möglicherweise gar nicht sauer auf uns ist, sondern auf etwas ganz anderes.

Paraphrasieren

Mit Paraphrasieren ist die Wiedergabe einer Aussage des Gesprächspartners gemeint und zwar mit eigenen Worten. Oftmals verwenden Personen, wenn sie uns angreifen, Verallgemeinerungen wie „Immer“, „Jedes Mal“ oder „Nie“. Durch kluges Paraphrasieren können wir diese Generalisierungen unseres Gegenübers zunichte machen und ihn wieder zur Vernunft bringen. Nachfolgend finden Sie ein Beispiel hierzu:

Jasmin: „Du kommst immer zu spät zur Arbeit und zwar jeden Tag!“

Paul: „Ich komme wirklich immer zu spät?“

Jasmin: „Ja, letzte Woche Dienstag kamst du auch schon zu spät.“

Paul: „Dann komme ich also nicht jeden Tag zu spät?!“

Jasmin: „Ja, gut, das stimmt. Aber es gefällt mir nicht, dass du heute zu spät erschienen bist.“

Jasmins Generalisierung trifft also nicht wirklich zu. Und genau so läuft es sehr oft in Konversationen, in denen die eine Person der anderen einen Vorwurf macht. Paraphrasieren beinhaltet also auch die Fähigkeit des aktiven Zuhörens.

Alternativen aufzeigen

Die besten Mittel für bessere Schlagfertigkeit sind zukunftsorientiertes Kommunizieren und das Hinführen zur Sachebene. Aber was genau macht diese Mittel so effektiv? Wir zeigen unserem Gesprächspartner Alternativen auf. Oftmals steckt hinter einem Wutanfall ganz einfach der Wunsch, dass gewisse Dinge besser gemacht werden. Aus diesem Grund bietet es sich an, den Weg zu einer Lösung des Problems zu ebnen. Der Gesprächspartner hat dadurch mehrere Möglichkeiten zu wählen und letztendlich befriedigen wir sein Bedürfnis nach Dominanz, da er weiterhin in der Lage ist, die Entscheidung zu treffen.

Empathiefähigkeit

Insbesondere hochsensible Menschen besitzen eine hohe Empathiefähigkeit. Aber auch jeder Normalsensible ist grundsätzlich dazu in der Lage, sich in andere Personen hineinzuversetzen und mit ihnen mitzufühlen. Im Umgang mit wütenden Personen ist Empathie eine sehr wichtige Eigenschaft. Denn dadurch haben wir die Möglichkeit, zu erkennen, was die wütende Person mit ihren Worten in Wirklichkeit sagen will und letztendlich Verständnis zu zeigen. Bei Arbeitskollegen ist es nicht unbedingt notwendig, allzu sehr nachzuforschen, vor allem wenn es familiäre Probleme gibt. Aber zumindest bewahrt unsere Empathiefähigkeit uns davor, ein gewisses Maß an Rücksicht zu nehmen, wenn wir bei unserem Gegenüber Traurigkeit feststellen.

Fragen stellen

Mit der Gegenfrage sind Sie bereits vertraut. Aber auch in Verbindung mit aktivem Zuhören und Empathie, ist es ratsam, dem Gesprächspartner Fragen zu stellen, um somit mehr über seine getroffene Aussage zu erfahren. Es geht also darum, völlig unabhängig von Gegenfragen auch übliche Fragen zu stellen, die der Kommunikation an sich dienen.

Schlagfertigkeit - offensive Methoden

Während die Methoden aus dem letzten Kapitel eher für zurückhaltende Menschen gedacht sind, stelle ich Ihnen in diesem Kapitel nun einige offensive Techniken vor. Die Methoden aus dem letzten Kapitel waren allgemein eher auf die Berufswelt bezogen, denn gerade dort ist mehr Diplomatie gefragt, als im Privatleben. Wenn Sie einen wackeligen Arbeitsplatz haben, dann bedienen Sie sich also besser an den Methoden aus dem vorangegangenen Kapitel.
Bei den kommenden Techniken ist etwas mehr Mut und ein höheres Selbstbewusstsein erforderlich, insbesondere wenn Sie am Arbeitsplatz auf diese Methoden zurückgreifen möchten. Sie sind häufig etwas humorvoll und herablassend angehaucht und relativ leicht anzuwenden. Generell sollten sie aber eher im privaten Alltag eingesetzt werden.

Paradoxe Höflichkeit
Bei dieser Technik geht es darum, durch unsere guten Manieren, die wir unserer Erziehung zu verdanken haben, unserem Gegenüber sozusagen den Wind aus den Segeln zu nehmen. Das folgende Beispiel handelt wieder aus der Berufswelt. Herr Schmidt wird von seinem Vorgesetzten Herrn Wessels angegangen:

Herr Wessels: „Herr Schmidt, warum haben Sie die Aufgabe nur so langsam erledigt? Ihr Kollege Herr Neumann war wesentlich schneller!"

Herr Schmidt: „Ich habe meine Aufgabe immerhin innerhalb der von Ihnen vorgegebenen Zeit erledigt, daher liegen wir noch in der Zeit."

Herr Wessels: „Aber trotzdem war Herr Neumann deutlich schneller als Sie. Wie kommt es eigentlich, dass so ein Mensch wie Sie hier bei uns eingestellt wird? Sie können von Glück sagen, dass ich hier nicht der Personalchef bin!"

Herr Schmidt: „Leider erlaubt es mir meine gute Erziehung nicht, eine solche Aussage zu beantworten."

Herr Schmidt möchte diese freche Bemerkung seines Vorgesetzten mit keiner Antwort würdigen. Er verweist daher auf seine gute Erziehung, um seinem Vorgesetzten mitzuteilen, dass er sich nicht auf ein solches Niveau herab begeben wird.

Vertagungs-Technik

Hierbei geht es schlichtweg darum, den Konter aufzuschieben. In manchen Situationen haben wir ganz einfach keine Lust, auf einen dummen Spruch zu antworten. Dennoch wollen wir zumindest einen kurzen Kommentar abgeben, um keine Schwäche zu zeigen. In diesem Fall macht die

Vertagungs-Technik Sinn. Unserem Gegenüber dürfte dabei klar werden, dass er in Wirklichkeit gar keine Antwort mehr bekommen wird. Die Technik funktioniert folgendermaßen:

Robin: „Tom, du bist ein totaler Idiot!“

Tom: „Vielen Dank für die Info. Ich werde dir morgen sagen, was ich davon halte.“

Nonsens-Technik

Nach einem verbalen Angriff erwartet unser Gesprächspartner normalerweise drei Reaktionen von uns:

1. Wir setzen einen Konter
2. Wir schweigen
3. Wir verschwinden

Mit der Nonsens-Technik können wir die andere Person verwirren, indem wir einen Spruch anwenden, der absolut nicht zur Situation bzw. zu seiner Aussage passt. Wir könnten zum Beispiel mit folgenden Sprüchen reagieren:

- „Was ich nicht weiß, macht mich nicht heiß“
- „Sein oder nicht sein, das ist hier die Frage“
- „Die dümmsten Bauern haben die dicksten Kartoffeln“

Mit solchen Antworten wird unser Gegenüber absolut nichts anzufangen wissen und total überfordert sein, weil er den Sinn hinter dieser Aussage überhaupt nicht versteht. Wenn Sie die Nonsens-Technik anwenden, dann sollten Sie Gelassenheit und Selbstbewusstsein ausstrahlen und keinesfalls anfangen zu lachen oder herablassend zu klingen.

Zweisilber

Diese Technik ist sehr leicht anwendbar. Es benötigt kein großartiges Nachdenken und im Grunde bleibt die Art und Weise der Konter immer gleich. Es wird ganz einfach mit einem Zweisilber geantwortet und oftmals beinhaltet diese Technik auch noch eine Gegenfrage, um den Gesprächspartner noch ein wenig mehr unter Druck zu setzen. Schauen Sie sich einmal folgendes Beispiel hierfür an:

Johannes: „Du bist doch bescheuert!"

Anika: „Sag bloß?"

Johannes: „Komm mir bloß nicht auf diese Art. Du weißt genau, was ich meine!"

Anika: „Ach was?"

Die Schwierigkeit bei dieser Technik liegt darin, nicht zu sarkastisch zu werden. Dieser Konter sollte immer noch eine ernsthafte Spur enthalten und die Situation nicht allzu lächerlich wirken lassen. Sicherlich ist es bei dieser Methode nicht gerade einfach, ernst zu bleiben, aber bei gezieltem Einsetzen der Stimme und einem neutralen Ton kann der Konter durchaus ernst genommen werden.

Zitier-Technik

Bei dieser Methode kommt es wieder darauf an, vorgefertigte Konter zum Einsatz zu bringen. In diesem Fall handelt es sich um berühmte Zitate:

„Es hört doch jeder nur, was er versteht."
- Goethe -

„Ein Wort ohne Sinn; nichts kann ohne Ursachen existieren."
- Voltaire -

„Man braucht zwei Jahre, um sprechen zu lernen, und 50, um schweigen zu lernen."
- Ernest Hemingway -

„Wir leben alle unter dem gleichen Himmel, aber wir haben nicht alle den gleichen Horizont."
- Konrad Adenauer -

Mit der Zitier-Technik wird ein ähnlicher Effekt erzielt wie bei der Nonsens-Technik. Der Unterschied liegt jedoch darin, dass Zitate weitaus seriöser wirken. Die andere Person wird dabei aber ähnlich verwirrt sein. Die Zitier-Technik eignet sich eher aus diplomatischen Gründen, während mit der Nonsens-Technik ein wenig mehr provoziert wird.

Großvater-Technik

Mit dieser Technik können wir auf humorvolle und provozierende Weise auf typische und aus der Mode gekommene Phrasen antworten. Anhand folgenden Beispiels können Sie erkennen, wie diese Methode funktioniert. Dennis provoziert selbst mit seiner besserwisserischen Art, bekommt aber schließlich eine sarkastische Antwort von Andre:

Andre: „Kannst du mir bitte den Ordner geben?"

Dennis: „Können tu ich das definitiv. Aber warum fragst du?"

Andre: „Kennst du eigentlich meinen Opa?"

Dennis: „Nein, woher sollte ich den kennen?"

Andre: „Weil du seine Sprüche klaust."

Mit der Großvater-Technik schließen wir nun auch den zweiten Teil der Schlagfertigkeitstechniken ab. Die meisten dieser Techniken beinhalten eine Spur von Humor und bereits vorgefertigte Konter. Im folgenden Kapitel stelle ich Ihnen noch schwierigere Methoden vor, die letztlich aber umso effektiver sein können.

Schlagfertigkeit – professionelle Methoden

Die Umsetzung der folgenden Schlagfertigkeitstechniken ist nochmal etwas schwieriger als bei den bisher vorgestellten Methoden. Hierbei geht es vor allem um Kreativität und weniger um Provokation. Diese Techniken sollten erst eingesetzt werden, sobald Sie schon ein wenig Routine beim Kontern haben.

Selbstbewusstseins-Technik

Das Umdrehen einer Aussage ist bei der Selbstbewusstseins-Technik das Ziel. Wir wollen dabei Sätze mit negativer Bedeutung in etwas Positives umwandeln. Diese Technik lässt uns oftmals wie ein Besserwisser erscheinen, weshalb wir uns hiermit wohl eher wenige Freunde machen. Aber das ist ja auch gar nicht das Ziel von Schlagfertigkeit. Letztlich stellen wir uns aber dennoch als eine selbstbewusste und schlagfertige Persönlichkeit dar, die eine gewisse Dominanz ausstrahlt. Nachfolgend ein paar Beispiele:

Anton: „Du weißt doch alles besser!"

Jana: „Wie schön, dass du das auch erkennst."

Ralf: „Du kannst ja wirklich nichts!"

Martina: „Nichts ist immer noch besser als gar nichts."

Annika: „Du musst auch immer das letzte Wort haben!"

Frank: „Tja, ich bringe die Dinge halt immer gerne zu Ende."

Beschreibungs-Technik
Diese Technik eignet sich für Menschen mit dem Talent, die Dinge schnell interpretieren zu können. Mit dieser Technik finden wir erst einmal heraus, wie unser Gegenüber auf die jeweilige Aussage gekommen ist und führen das Gespräch dann auf die Sachebene. In dem folgenden Beispiel befinden wir uns am Arbeitsplatz. Nadine drückt ihrer Kollegin Hanna einen unfreundlichen Spruch rein:

Nadine: „Oh mein Gott, was ist dir denn passiert?"

Hanna: „Was genau meinst du?"

Nadine: „Na, deine Frisur. Die sieht ja schlimm aus!"

Hanna: „Wieso denkst du an meine Frisur? Lass uns doch lieber an unsere Arbeit denken. Also: gutes Gelingen!"

Diese Technik lässt sich nahezu immer anwenden. Wenn jemand unsere Intelligenz in Frage stellt, können wir darauf hinweisen, dass er sich anscheinend über unsere komplexen Gedankenstrukturen den Kopf zerbricht. Letztendlich sollten wir aber auch immer wieder auf die Sachebene hinführen, damit wir unserem Gegenüber nicht Möglichkeit geben, ganz einfach mit „Nein“ zu antworten.

Klartext-Technik

Bei dieser Methode geht es nicht darum, mit einem Spruch zu kontern, sondern unser Gegenüber aufzufordern, sich zu entschuldigen. Während die meisten anderen Techniken das Ziel haben, die andere Person zum Schweigen zu bringen, ändern wir hier also die Rollen und lenken das Gespräch fortan selbst, indem wir sie um eine Entschuldigung bitten. Insbesondere wenn es sich um unseren Chef handelt, erfordert diese Methode sehr viel Mut. Im privaten Bereich ist es dagegen sehr viel leichter, da es hier in der Regel öfter kleinere Streitereien gibt.

Touch-Turn-Talk-Technik

Mit der Touch-Turn-Talk-Technik können wir zunächst einmal von der Kritik ablenken und mit guten Argumenten das Gespräch auf die Sachebene zurückführen. Diese Technik lässt sich sowohl bei wichtigen Entscheidungen im Privatleben, als auch am Arbeitsplatz anwenden. Aber auch grundsätzlich immer dann, wenn unangenehme

Fragen gestellt werden. Im folgenden Beispiel wird der Mitarbeiter Herr Steiner von seinem Vorgesetzten unterbrochen:

Vorgesetzter: „Das klingt ja nicht schlecht, aber welche Nachteile gibt es bei Ihrem Konzept?"

Herr Steiner: „Selbstverständlich habe ich mir auch schon über die Nachteile Gedanken gemacht (Die Aussage berühren - Touch). Allerdings überwiegen meiner Meinung nach die Vorteile (Die Aussage in eine andere Richtung lenken - Turn). Diese wären folgende: … (Auf die Vorteile eingehen - Talk).

Ummünzungs-Technik

Die Ummünzungs-Technik gehört zu den effektivsten Methoden. Sie wird selten benutzt, da sie viel Kreativität und einen ausgeprägten Wortschatz voraussetzt. Aber gerade deswegen ist sie so beliebt. Die Beleidigung des Gegenübers wird mit Witz und Wortgewandtheit in etwas Positives umgedeutet. Das könnte in etwa so aussehen:

Christina: „Du bist doch ein echter Holzkopf!"

Lukas: „Genau, hart und durchsetzungsfähig."

Karsten: „Du bist so eine Pflaume, Helene!"

Helene: „Tja, süß, lecker und gesund. Was genau meinst du?"

Richter-Technik

Bei dieser Technik spielen wir uns, wie Sie sich vielleicht schon denken können, als Richter auf. Ein Richter hat unter anderem die Aufgabe, die Zeugen zu belehren und sie darauf hinzuweisen, die Wahrheit zu sagen. Er klärt sie also gewissermaßen über die Spielregeln auf. Und so ähnlich funktioniert auch diese Schlagfertigkeitstechnik, wie Sie am folgenden Beispiel erkennen können:

Herr Hensmann: „Frau Martens, Sie machen ja wirklich einen Fehler nach dem anderen!"

Frau Martens: „Bei allem Respekt, aber ich habe keinen Fehler begangen."

Herr Hensmann: „Wie bitte? Wollen Sie damit sagen, dass ich mich irre?"

Frau Martens: „Ich will nur sagen, dass ich keinen Fehler gemacht habe."

Herr Hensmann: „Jetzt hören Sie mal her. Sie wandern gerade über sehr dünnes Eis!"

Frau Martens: „Ich lasse mir nicht drohen, wir werden jetzt mit aller Sachlichkeit über dieses Thema reden."

In diesem Beispiel ist eine Konfrontation fast unausweichlich. Aber Frau Martens gibt klar zu verstehen, dass sie in diesem Ton nicht mit sich reden lässt. Dadurch lenkt sie das Gespräch wieder auf die Sachebene.

Übungen für mehr Schlagfertigkeit

Noch wichtiger, als die Schlagfertigkeitstechniken zu erlernen, ist es, die Elemente der Schlagfertigkeit zu beherrschen. Die Elemente zu erlernen ist im Grunde genommen, wie die Theorie zu erlernen. Die Techniken selbst werden dann in der Praxis umgesetzt. In diesem Kapitel wird es also darum gehen, wie Sie Ihre Fähigkeiten verbessern können, um anschließend die Techniken effektiv umzusetzen.

Schwachstellen finden

Insbesondere wenn es darum geht, Selbstironie zu zeigen, ist es vorteilhaft, uns über unsere Schwachstellen bewusst zu sein. Um Schwachstellen ausfindig zu machen, ist es zunächst einmal Voraussetzung, dass wir ehrlich zu uns selbst sind. Viele Menschen wissen durchaus über ihre Schwächen Bescheid, möchten sich diese aber nicht wirklich eingestehen. Wer aber seine Schwachstellen kennt und gut mit ihnen umgehen kann, der fühlt sich insgesamt sehr viel freier, um beleidigende Sprüche mit Leichtigkeit abzuwehren. Sich über die eigenen Schwachstellen bewusst zu werden bedeutet gleichzeitig auch, die Erkenntnis zu erlangen, dass Schwächen absolut menschlich sind und jeder von uns wunde Punkte hat.

Seien Sie also ehrlich zu sich selbst. Überlegen Sie, von welchen Sprüchen Sie sich in der Vergangenheit besonders verletzt gefühlt haben. Das ist gar nicht mal so schwer. Sie müssen im Grunde nur in Ihren Gedanken vergangene Begegnungen mit bestimmten Mitmenschen durchgehen und dabei werden Sie schnell erkennen, welche Kommentare Sie hart getroffen haben und welche nicht. Sie sollten dabei jedoch keine emotionale Bindung zu Ihren Schwächen herstellen. Sie sind nicht Ihre Schwächen. Ihre Schwächen sind einfach nur Teil von Ihnen, genauso wie es Ihre Stärken auch sind. Versuchen Sie einfach nur, Ihre Schwachpunkte zu akzeptieren.

Gespräche mit dem Fernseher

Schlagfertigkeit zu trainieren bedeutet auch, dass wir am Anfang natürlich noch nicht so geübt sind und hin und wieder den einen oder anderen Spruch kassieren, auf den wir keine Antwort finden. Schlagfertigkeit durch fiktive Gespräche, die wir selbst in unseren Gedanken durchspielen, zu lernen, ist ebenfalls nicht ideal, da wir das Gespräch von beiden Seiten aus lenken, viel Zeit dabei haben und letztendlich ja auch wissen, wie wir antworten müssen.

Eine Möglichkeit, Schlagfertigkeit alleine zu trainieren, ist, politische Debatten am Fernseher zu verfolgen. Gerade in politischen Diskussionen geht es oftmals heiß her. Sie können zum Beispiel während einer Talk-Show die Rolle eines oder mehrerer Beteiligten einnehmen. Hierbei geht es dann darum, Ihre Geschwindigkeit und Ihre Geistesgegenwärtigkeit zu verbessern, indem Sie sich vornehmen, jedes Mal innerhalb von fünf Sekunden antworten zu müssen. Es besteht dabei überhaupt kein Druck, daher können Sie Ihre Fähigkeiten in aller Ruhe trainieren.

Die Sprache

Wie vorher in diesem Buch schon erwähnt, geht es bei der Schlagfertigkeit nicht nur darum, auswendig gelernte Sprüche abzufeuern, sondern unter anderem auch darum, über einen ausgereiften Wortschatz zu verfügen. Durch einen großen Wortschatz fällt es uns sehr viel leichter, Wörter oder Sätze umzudeuten. Insbesondere bei der Ummünzungs-Technik ist dies vonnöten. Wir erlangen dadurch die Fähigkeit, die Worte unseres Gegenübers zu verdrehen und sie letztlich in ein positives Licht zu rücken. Aber es geht nicht nur um einen großen Wortschatz, sondern auch generell um sprachliche Fähigkeiten. Diese lassen sich folgendermaßen verbessern:

- Lesen Sie anspruchsvolle Lektüre.

- Merken Sie sich besondere Zitate und Sprüche.
- Beschäftigen Sie sich mit rhetorischen Stilmitteln.
- Merken Sie sich die Konter, die Ihnen bisher immer zu spät eingefallen sind.

Nicht zu kompliziert werden

So nützlich ein großer Wortschatz auch ist: Schlagfertige Konter müssen letztendlich wie aus der Pistole geschossen kommen. Daher ist es wichtig, dass diese auch mit Leichtigkeit herübergebracht werden. Solange wir uns spielerisch und ohne langes Nachdenken unseres großen Wortschatzes bedienen können, und diese dann auch einfach zu verstehen sind, mag das funktionieren. Wenn wir aber ein Fremdwort nach dem anderen in unseren Kontern einbauen und die Sätze dadurch verkomplizieren, so erreichen wir nicht den erhofften Effekt. Dann wird am Ende keiner mehr verstehen, was wir eigentlich sagen wollten.

Eine Mischung aus Wortgewandtheit, Schnelligkeit und Einfachheit machen einen schlagfertigen Konter so erfolgreich. Versuchen Sie also nicht, wie ein Oberlehrer daherzukommen. In manchen Situationen ist notwendig, einfach und direkt zu antworten.

Es ist erlaubt

Viele Menschen sind sich ihrer Fähigkeiten in Sachen Schlagfertigkeit noch gar nicht bewusst. Sie geraten oft in Situationen, in denen sie durchaus einen passenden Konter parat haben, aber sich nicht trauen, ihn auch auszusprechen. Dieses Selbstvertrauen gehört aber nunmal zu einer schlagfertigen Person dazu. Sicherlich ist es nicht empfehlenswert, verletzende Beleidigungen herauszubrüllen. In diesem Fall ist es besser zu schweigen. Bewegt sich die Antwort jedoch in einem angemessenen Rahmen, sollten Sie auch den Mut besitzen, sie auszusprechen.

Akzeptieren Sie, dass Sie jederzeit das Recht haben, Ihre Meinung auch frei äußern zu dürfen. Akzeptieren Sie, dass Sie sich von niemandem gemeine Sprüche gefallen lassen brauchen. Sie dürfen auf alles, was Ihnen an den Kopf geworfen wird, einen Kommentar abgeben. Versuchen Sie jedoch immer, sich nicht auf ein niedriges Niveau herab zu begeben, sondern führen Sie das Gespräch auf die Sachebene. Denn gerade zurückhaltende Menschen können mit ihrer Sachlichkeit Schlagfertigkeit beweisen.

Fragen stellen

Ich habe in diesem Buch bereits angesprochen, wie wichtig es ist, Fragen zu stellen. Vielleicht erinnern Sie sich zurück an Menschen in der Schule oder auf der Arbeitsstelle, die ständig Fragen gestellt und alles hinterfragt haben. Auf Sie hat das möglicherweise nervig gewirkt. Aber diese Leute haben mit großer Wahrscheinlichkeit von ihrer nervigen Fragerei profitiert und sind um einiges schlauer geworden. Nicht immer verstehen wir die Aussagen unserer Mitmenschen auf Anhieb. Nicht immer denken unsere Mitmenschen überhaupt darüber nach, was sie sagen. Manchmal ist ihnen ja selbst nicht klar, was sie so von sich geben. Um Missverständnissen vorzubeugen und allgemein mehr zu erfahren, ist es daher äußerst empfehlenswert, Fragen zu stellen.

Wenn jemand Ihre Aussage als intolerant abstempelt, dann fragen Sie nach, was Intoleranz für ihn überhaupt bedeutet. Sie können das Hinterfragen auch geschickt in Ihrem Alltag üben. Wenn Sie Zeitung lesen und einen speziellen Begriff entdecken, dann forschen Sie nach, welche Definition eigentlich dahintersteckt.

Hinterfragen Sie auch die Absichten hinter jedem Wort. Wenn jemand anders etwas von Ihnen fordert, dann hinterfragen Sie, warum er das eigentlich möchte. Dadurch entwickeln Sie nach und nach ein gutes Gespür dafür und können fortan durch geschicktes und gezieltes Fragen die Kontrolle über gewisse Situationen übernehmen.

Eine gute Vorbereitung

Gut vorbereitet zu sein ist oftmals schon die halbe Miete. Sicherlich können wir niemals auf jeden Spruch vorbereitet sein. Aber wir können es zumindest versuchen. Wir wissen ja, mit welchen Menschen wir tagtäglich zu tun haben. Sei es am Arbeitsplatz oder im privaten Umfeld. Sicherlich geraten wir auch oft in Kontakt mit unbekannten Leuten, die wir noch nicht richtig einschätzen können. Aber wir können uns zumindest auf die Menschen einstellen, mit denen wir uns regelmäßig auseinandersetzen müssen.

Überlegen Sie also, mit welchen Aussagen Sie oft konfrontiert werden. Welche Sprüche werden oftmals gegen Sie verwendet? Da sich die Persönlichkeit der Mitmenschen aus Ihrem nahen Umfeld nicht von heute auf morgen ändert, werden sie natürlich mit der Zeit vorhersehbarer. Sie können daher besser einschätzen, welche Sprüche auch zukünftig auf Sie abgefeuert werden.

Die Ruhe bewahren

Achtsam zu sein ist grundsätzlich vorteilhaft. Anspannung in Gesprächen mit Mitmenschen, die uns in der Vergangenheit schon häufiger einen Spruch reingedrückt haben, ist eher hinderlich. Sind wir zu angespannt und zu sehr auf der Hut, so besteht die Gefahr, dass wir überhastet reagieren, anfangen zu stottern und uns insgesamt die

Souveränität abhanden kommt. Des Weiteren ist es auch kein schönes Gefühl, bei jedem Gespräch sofort die Angriffsstellung einzunehmen.

Die richtige Erwartung

Wenn Sie bisher in jeder Situation zu ängstlich waren, auf eine unangemessene Bemerkung cool und souverän zu antworten, dann werden Sie sicherlich nicht innerhalb weniger Tage zum Profi in Sachen Schlagfertigkeit. Seien Sie geduldig, denn Schlagfertigkeit benötigt viel Übung. Auch die erfolgreichsten Menschen in der Businesswelt, im Sport oder in der Unterhaltsbranche haben lange Zeit gebraucht, um dort anzukommen, wo sie hin wollten. Mit jedem Dialog werden Sie Ihre Konterfähigkeiten verbessern. Und auch der Weg hin zum Ziel sollte genossen werden. Wenn Sie irgendwann ein Profi sind, wird nahezu jeder blöde Spruch an Ihnen abperlen. Aber während der Übungsphase werden Sie sich über jeden gelungenen Konter freuen und stolz darauf sein, diese Fähigkeit zu erlernen.

Schlagfertigkeit beim Flirten

Auch beim Flirten können wir unsere Schlagfertigkeit zu unseren Gunsten nutzen. Sowohl dann, wenn wir selbst eine sympathisch und attraktiv wirkende Person ansprechen möchten, als auch dann, wenn wir unangemessene und plumpe Anmachsprüche abwehren wollen.

Für die meisten Menschen kostet es eine Menge Überwindung, eine attraktive Person anzusprechen. Damit es nicht so schwer fällt, gehen einige Menschen daher mit auswendig gelernten Anmachsprüchen vor, was aber in der Realität meistens weniger gut ankommt. Diese Vorgehensweise wirkt oftmals extrem aufgesetzt und nicht authentisch. Daher ist es empfehlenswert, immer so natürlich und spontan wie möglich aufzutreten. Die wichtigsten Signale beim Flirten werden ohnehin nonverbal ausgetauscht, also durch Körpersprache und Blicke. Die meisten Signale, die wir beim Flirten geben, sind sehr subtil und werden eher unbewusst ausgesendet. Zu diesen Signalen gehören vor allem folgende:

- Kopf zur Seite neigen
- Mit der Hand durch die Haare streichen
- Lächeln

- Unter Vorwand aufstehen, um den Körper zu zeigen
- Lippen befeuchten mit der Zunge
- Kurzer Augenkontakt
- Lippen zu einem Kussmund spitzen
- Dem Flirtpartner den Körper zuwenden
- Mehrere Blicke wechseln und dabei lächeln
- An der Kleidung zupfen/die Kleidung ordnen

Werden solche Signale von beiden Seiten ausgetauscht, so scheinen auch beide an einem Flirt interessiert zu sein. Das Ansprechen fällt am Ende viel leichter, wenn vorher bereits Blicke gewechselt und sich gegenseitig angelächelt wurde. Dadurch braucht dann auch kein auswendig gelernter Spruch mehr zum Einsatz kommen, da die Bereitschaft zum Flirten ja bereits mitgeteilt wurde. Ernst gemeinte und freundliche Komplimente eignen sich in solchen Situationen deutlich besser, wie folgende:

„Hey, mir ist aufgefallen, wie schön du lächelst!“

„Hey, du bist mir aufgefallen, weil du wirklich sympathisch wirkst. Hättest du etwas dagegen, wenn ich mich kurz zu dir setze?“

Noch besser eignen sich zum Einstieg in einen Flirt offensichtliche Gemeinsamkeiten. Entdecken Sie in einem Café eine sympathisch wirkende Person mit einem Buch in der Hand, dann fragen Sie sie einfach danach oder lassen sich ein anderes Buch empfehlen. Hat diese Person ein appetitlich aussehendes Gericht oder Getränk auf dem Tisch stehen, so fragen Sie sie danach oder lassen sich eine andere Empfehlung geben. Treffen Sie eine Person auf einer Party, so bietet sich die Möglichkeit, sie auf die gerade gespielte Musik anzusprechen.

Es geht also darum, ganz einfach bestimmte Elemente aus der direkten Umwelt aufzugreifen und zum Thema zu machen. Wichtig ist in jedem Fall, immer glaubwürdig und authentisch zu bleiben. Ebenfalls sollte eine humorvolle Art an den Tag gelegt werden, denn beim Flirten geht es um lockere Gespräche und nicht darum, ernst zu wirken. Schüchterne Personen können ihre „Schwäche" auch gerne zeigen. Dies wirkt authentisch und ehrlich. Und bei vielen Menschen ruft es sogar Bewunderung hervor, wenn sie von einer Person angesprochen werden, die gerade ihre Schüchternheit überwindet und sich etwas traut.

Es ist gewiss nicht einfach, mit fremden Menschen ins Gespräch zu kommen. Ebenfalls nicht einfach ist es, Flirtversuche von unerwünschten Personen abzuwehren. Insbesondere Frauen haben mit diesem Problem oftmals zu kämpfen. Aber auch

Männer können hin und wieder Opfer von unverschämten Anmachversuchen werden.

Wie können Sie nun auf schlagfertige Art und Weise solche plumpen Versuche zunichte machen? Grundsätzlich gilt dabei, immer respektvoll zu bleiben. Sollten die Sprüche aber tatsächlich unverschämt oder extrem schmierig sein, sodass Sie das Gefühl bekommen, die Person setzt diesen Spruch gerade zum tausendsten Mal ein, so ist es durchaus erlaubt, mit einem abweisenden Spruch zu antworten. Es könnte hilfreich sein, sich eine Liste anzulegen mit Kontersprüchen, die Sie in speziellen Situationen einsetzen können.

Wie Sie vorher in diesem Buch bereits gelernt haben, geht es bei der Schlagfertigkeit eigentlich darum, wieder eine positive Gesprächsbasis herzustellen bzw. das Gespräch wieder zurück auf die Sachebene zu führen. Beim Abwehren von Flirtversuchen ist das Ziel natürlich ein anderes: Sie sind nicht daran interessiert, mit dieser Person zu reden und möchten bloß in Ruhe gelassen werden. Trotzdem gilt auch hier, dass Sie Ihr Gegenüber nicht mit einem fiesen Konter bloßstellen sollten. Immerhin hat diese Person Ihnen ja nichts Böses gewollt. Im Gegenteil, sie war an Ihnen interessiert. Persönliche Beleidigungen sollten Sie also stets vermeiden.

Nachfolgend finden Sie nun einige Antworten, mit denen Sie auf nervige Anmachsprüche kontern können:

„Wow, schönes Kleid! Darf ich dir da raushelfen?"

- *„Klar, wäre mir recht! Denn das trage ich jetzt schon seit einem Monat!"*

„Na, heute schon was vor?"

- *„Ja, aber leider nicht mit dir!"*

„Ist es so heiß hier drin, oder bist du das?"

- *„Das müssen wohl die Wechseljahre sein!"*

oder:

- *„Dann geh duschen, das kühlt ab!"*

„Oh man, ich hab meine Nummer verloren. Könnte ich vielleicht deine haben?"

- *„Was ein Pech, die hab ich gestern erst versteigert!"*

oder:

- *„Klar, steht im Telefonbuch!"*

„Na, ganz alleine hier?"

- *„Ja und das soll auch so bleiben!"*

oder:

- *„Ne, meine vier Kinder sind gerade alle auf dem Klo!"*

„Hey, du kommst mir echt bekannt vor. Kann es sein, dass ich dich schon mal irgendwo gesehen habe?"

- *„Ja und genau deswegen gehe ich dort nicht mehr hin!"*

Schlagfertigkeit bei der Arbeit

In den vorherigen Kapiteln habe ich Ihnen bereits eine breite Auswahl an Schlagfertigkeitstechniken vorgestellt. In den folgenden zwei Kapiteln gehe ich nun noch etwas mehr auf die Arbeitswelt ein. Während dieses Kapitel den Umgang speziell mit Arbeitskollegen thematisiert, wird es im darauffolgenden Kapitel um den Umgang mit Kunden gehen.

Schlagfertigkeit im Umgang mit Kollegen

Möglicherweise kommt Ihnen die folgende Situation bekannt vor:

Sie waren den ganzen Vormittag schwer beschäftigt und haben wichtige Aufgaben erledigt, wie etwa ein längeres und kompliziertes Gespräch mit einem Kunden geführt oder ein eiliges und wichtiges Projekt abgeschlossen. Um sich ein wenig Ruhe und Erholung von dem anstrengenden Vormittag zu gönnen, machen Sie sich in der Küche einen Kaffee oder essen einen kleinen Mittagssnack. Plötzlich kommt ein Arbeitskollege dazu und macht eine blöde Bemerkung: *„Na, du hast ja auch schon wieder einen ziemlich entspannten Tag, was?“*.

Solche Bemerkungen können uns manchmal zur Weißglut bringen. Nicht nur, dass unsere harte und fleißige Arbeit nicht wertgeschätzt wird, sondern der Kollege maßt es sich auch noch an, so zu tun, als wäre er deutlich mehr beschäftigt als wir. Besonders ärgerlich ist es dann, wenn uns in solch einer Situation kein passender Konter einfällt.

Gerade in unserem Arbeitsleben erleben wir immer mal wieder solche Momente. Im Privatleben umgeben wir uns überwiegend mit den Leuten, die wir mögen und die uns mögen. Bei der Arbeit können wir uns unsere Kollegen aber nunmal nicht aussuchen.

Schlagfertigkeit ist eine Art Balanceakt zwischen Kreativität, Selbstironie und Nervensägerei. Und vor allem bei der Arbeit ist es äußerst wichtig, die Balance zu wahren. Dabei müssen wir die Persönlichkeit unseres Gegenübers, unsere Beziehung zueinander, das entsprechende Thema und die jeweilige Situation betrachten. Zu allererst müssen wir uns darüber bewusst werden, in welcher Beziehung wir zu der Person stehen. Meistens haben Sticheleien und verbale Angriffe einen Grund, wie etwa Neid auf unseren Erfolg. Möglicherweise fühlt sich die andere Person generell ungerecht behandelt und projiziert ihre Wut auf uns. Im besten Fall geht es jedoch bloß um kleine Sticheleien mit einem befreundeten

Kollegen, die einfach nur der guten Laune dienen sollen.

Grundsätzlich sollten wir jedem Menschen immer auf Augenhöhe begegnen. So auch unseren Arbeitskollegen, selbst wenn sie uns einen gemeinen Spruch reindrücken. Wir sollten also unser Gegenüber niemals herabsetzen, denn gerade auf der Arbeit herrscht meistens auch eine gewisse Hierarchie, die sich sehr schnell und leicht verschieben kann. Wenn Sie auf der Arbeit in Situationen geraten, in denen Sie mit Schlagfertigkeit glänzen und sich Respekt verschaffen möchten, so achten Sie stets darauf, Ihr Gegenüber nicht komplett bloßzustellen.

Wenn wir an dieser Stelle das oben genannte Beispiel noch einmal aufgreifen, dann bietet sich als Konter die Gegenfrage an:

„Na, du hast ja auch schon wieder einen ziemlich entspannten Tag, was?"

- *„Und wie schaffst du es, bei so viel schwerer Arbeit noch eine Kaffeepause zu machen?"*

Bei genauem Hinhören fällt das kleine Wort „auch" auf. Dieses könnten Sie aufgreifen, um einen entsprechenden Konter zu setzen:

„Na, du hast ja auch schon wieder einen ziemlich entspannten Tag, was?“

- *„Ja, einen ähnlich entspannten Tag wie du auch!“*

Andererseits könnten Sie den Vorwurf der Faulheit auch einfach ganz sachlich zurückweisen:

„Na, du hast ja auch schon wieder einen ziemlich entspannten Tag, was?“

- *„Nein, nicht wirklich. Aber nach der langen Verhandlung mit XY habe ich mir gedacht, ich gönne mir einfach mal eine kleine Pause.“*

Nehmen wir an, Sie erhalten ungerechtfertigte und unsachliche Kritik von einem Kollegen und möchten sich diese nicht gefallen lassen. Wenn Ihr Kollege Ihnen zum Beispiel vorwirft, dass Sie zu langsam arbeiten, dann könnten Sie folgendermaßen antworten:

Sachlich: „Ich arbeite nunmal lieber gründlich anstatt schnell.“

Humorvoll: „In der Ruhe liegt das richtige Ergebnis.“

Provozierend: „Du hast aber auch schon mal gründlicher gearbeitet.“

Die sachliche Antwort wäre in diesem Fall eindeutig die defensive Variante. Die provozierende Antwort könnte jedoch dazu führen, dass es zu einer Konfrontation kommt. Mit dem humorvollen Konter fahren Sie hier wohl am besten.

Stellen Sie sich nun einmal folgende Situation vor: Es steht ein wichtiges Projekt an und Sie geben einem Kollegen eine Aufgabe, die er zu erledigen hat. Dieser antwortet jedoch ziemlich abweisend:

„Nein, dafür habe ich jetzt keine Zeit!"

Da dieses Projekt allerdings sehr wichtig ist, sollten alle an einem Strang ziehen. Wenn Sie Ihren Kollegen dazu animieren wollen, diese Aufgabe zu übernehmen, dann sollten Sie souverän bleiben und gleichzeitig Autorität zeigen. Das funktioniert beispielsweise mit der Dolmetschertaktik:

„Du meinst also, dass du deine Prioritäten anders setzt. Gerne, aber dann kläre das bitte mit unserem Chef. Im Moment hat dieses Projekt nämlich klaren Vorrang."

An dieser Stelle komme ich noch einmal zurück auf die Touch-Turn-Talk-Technik, die ich Ihnen bereits vorher in diesem Buch vorgestellt habe. Denn besonders im Berufsleben, also im Umgang mit Arbeitskollegen, ist sie besonders effektiv.

Stellen Sie sich vor, Sie halten einen Vortrag und ein Mitarbeiter unterbricht Sie mit einer kritischen Frage. Da Fragen ein wichtiges Führungselement in der Kommunikation sind und Sie selbstverständlich während Ihrer Präsentation die Führung behalten wollen, können Sie in diesem Moment die Touch-Turn-Talk-Technik anwenden und somit die kritische Frage abwehren und zwar folgendermaßen:

Frage des Kollegen: „Das hört sich ja super an. Aber wie sollen wir das alles umsetzen?“

Touch: „Da hast du recht! Die Umsetzung wird sicherlich nicht einfach.“

Turn: „Allerdings werden wir uns mit dieser Vorgehensweise große Vorteile sichern.“

Talk: „Wie die aktuelle Studie von XY beweist …“

Durch die Touch-Turn-Talk-Technik vermeiden Sie es, überheblich oder besserwisserisch zu klingen, sondern Sie beweisen Sachlichkeit und Seriosität. Und dadurch können Sie die Kommunikation wieder zurück auf die Sachebene führen.

Schlagfertigkeit im Umgang mit Vorgesetzten

In vielen kleineren Betrieben verstehen sich die Angestellten gut mit ihren Vorgesetzten. Das

Verhältnis ist oftmals von gegenseitigem Respekt geprägt und auch zu Scherzen sind beide Seiten aufgelegt. Es gibt jedoch auch Betriebe, vor allem größere Betriebe, in denen ein anderer Alltag herrscht. Viele Angestellte leiden sogar unter regelmäßigen Demütigungen ihres Chefs und trauen sich nicht, entsprechend schlagfertig auf hämische Bemerkungen zu antworten. In solchen Momenten, in denen sie ohnehin schon Wut in sich anstauen, ist dann auch noch Diplomatie gefragt, da sie es sich natürlich nicht mit ihrem Chef verscherzen wollen. Andererseits muss sich kein Mensch Spott und Beleidigungen aussetzen, auch nicht von Vorgesetzten. In dieser Hinsicht sollten klare Grenzen gesetzt werden und dazu ist eine ausgeprägte Schlagfertigkeit vorteilhaft.

Einen kühlen Kopf zu bewahren hilft nicht nur im Umgang mit Kollegen, Bekannten oder Fremden, sondern vor allem auch im Umgang mit Vorgesetzten, da Sie natürlich nicht Ihren Arbeitsplatz aufs Spiel setzen wollen. Der ideale Konter hängt immer auch von der Persönlichkeit des Gegenübers ab. Ist Ihr Vorgesetzter ein sehr sachlicher Mensch, dann wird die Kommunikation insgesamt auch eher problemlos ablaufen. Wenn Ihr Vorgesetzter ein humorvoller Mensch ist, mit dem Sie ein gutes und entspanntes Verhältnis haben, dann können Sie in Ihre Antwort durchaus auch ein wenig Sarkasmus und Ironie einfließen lassen.

Gefährlich wird es, wenn Sie es dabei mit einem Choleriker zu tun haben. In diesem Fall ist definitiv Sachlichkeit gefragt. Auch gänzliches Schweigen wäre eine Alternative, aber da es ja hier um Schlagfertigkeit geht, wollen Sie natürlich auch eine Antwort abgeben. Jede Art von Humor, selbst wenn es Selbstironie ist, könnte bei einem cholerischen Chef zu noch mehr Wut führen. Eine passende Antwort ist in solch einer Situation sicher nicht einfach. Wie Sie bereits wissen, geht es bei Schlagfertigkeit aber auch um die Körpersprache. In dieser Hinsicht ist es zunächst einmal wichtig, dass Sie eine aufrechte Körperhaltung einnehmen, gleichmäßig atmen, unbeeindruckt schauen und weiterhin einen souveränen Eindruck vermitteln.

Wenn tatsächlich ein Fehler Ihrerseits vorliegt, dann seien Sie ehrlich und gestehen Sie diesen Fehler ein. Geben Sie offen und ehrlich zu, was schief gelaufen ist. Versuchen Sie nicht, die Verantwortung von sich zu weisen oder nach Rechtfertigungen zu suchen. Ein Choleriker wird dies als Anlass nehmen, sich noch weiter aufzuplustern. Und schließlich wirkt es auch generell unprofessionell, wenn Sie einen Fehler nicht eingestehen können. Seien Sie also ehrlich, denn damit können Sie Ihrem Vorgesetzten schon einmal den Wind aus den Segeln nehmen.

Sind Sie sich jedoch sicher, dass von Ihrer Seite kein Fehlverhalten vorliegt, dann sollten Sie die Vorwürfe in ruhigem und sachlichem Ton zurückweisen. Idealerweise haben Sie Belege, mit denen Sie nachweisen können, dass Sie korrekt gehandelt haben.

Sobald Ihr Chef zu weit geht und eine persönliche Grenze überschreitet, weisen Sie ihn darauf hin, zum Beispiel mit folgender Aussage:

„Ich habe das Gefühl, dass Ihre Kritik gerade mehr auf meine Person gerichtet ist, als auf das Problem an sich. Lassen Sie uns doch bitte wieder auf das Thema zurückkommen."

Dies ist ein Beispiel für eine sehr angespannte Situation. Aber es gibt auch noch weitere, weniger angespannte Situationen, in denen Sie Ihre Schlagfertigkeit unter Beweis stellen können. Nachfolgend finden Sie ein paar Beispiele für passende Konter:

„Also für eine Gehaltserhöhung sollten Sie sich schon etwas mehr einsetzen!"

- *„Das sehe ich ähnlich. Darum arbeite ich ja auch schon seit X Jahren hier."*

„Na, Sie gehen ja heute schon wieder so pünktlich."

- *„Wenn Sie damit meinen, dass ich meine Arbeit in der vorgegebenen Zeit erledige, ja, dann haben Sie Recht."*

„Ist Ihnen eigentlich klar, wie viele andere sich um Ihren Job reißen?"

- *„Also jetzt im Moment sehe ich keinen."*

„Haben Sie schon wieder Urlaub? So ein entspanntes Leben hätte ich auch gern!"

- *„Ja, man nimmt sich eben das, was man verdient."*

„Ihre persönlichen Probleme sind hier bei der Arbeit absolut fehl am Platz!"

- *„Ich dachte, es wäre unser Ziel, dem Unternehmen ein menschliches Gesicht zu geben."*

Auch in Bewerbungsgesprächen kann sich Schlagfertigkeit bezahlt machen. Wenn Sie schnell auf Fragen antworten können und dazu auch noch humorvoll agieren, so können Sie den Personalchef schon einmal von Ihrer Persönlichkeit überzeugen. Insgesamt sollten Sie jedoch darauf achten, dass Sie sich der Unternehmenskultur anpassen und sich vorwiegend darauf konzentrieren, Ihr Gegenüber davon zu überzeugen, dass Sie das Unternehmen mit Ihren Qualitäten voranbringen können. Eine Spur Schlagfertigkeit schadet dabei aber nicht, solange Sie dabei authentisch bleiben. Außerdem sollten Sie dies in einem Bewerbungsgespräch nur dann anwenden, wenn Sie bereits viel Übung hatten. Authentizität und Ehrlichkeit zahlen sich immer aus. Auch, wenn Sie am Anfang nervös sind, so können Sie das offen zugeben. Das wirkt in der Regel deutlich sympathischer, als Souveränität vorzugaukeln.

Schlagfertigkeit gegenüber Kunden

Schlagfertigkeit kann im Umgang mit Kunden durchaus hilfreich sein, da lockere und ehrliche Gespräche oftmals mit einem Erfolg enden. Schlagfertigkeit kann aber auch dazu führen, dass Sie den Kunden am Ende vergraueln. Sicherlich haben Sie auch schon mal folgende Sprüche gehört:

„Der Kunde ist König!"

oder

„Solange der Kunde noch Geld hat, hat er recht!"

Sie sollten daher in Gesprächen mit Kunden Ihre Schlagfertigkeit nur selten und gezielt einsetzen. In bestimmten Momenten ist es ratsam recht zu behalten, manchmal dagegen sollten Sie Vorwürfe oder Sprüche der Kunden lieber überhören.

Schließlich hat der Kunde immer die Oberhand. Wenn ihm etwas nicht passt, so kann er ganz einfach den Anbieter wechseln. Noch schlimmer wird es, wenn er seine negativen Erfahrungen mit aller Welt teilt, beispielsweise über soziale Netzwerke oder Bewertungsplattformen. Die Beziehung zum Kunden kann aber auch noch auf eine weitere Art und Weise zerstört werden: In der Regel vertrauen die Kunden Ihnen. Und daher werden oftmals auch persönliche Anekdoten erzählt oder Erfahrungen aus dem eigenen Unternehmen geteilt. Wenn Sie sich in so einem Moment zu einer unüberlegten Aussage hinreißen lassen, durch die der Kunde sich bloßgestellt fühlt, geht das Vertrauen kaputt und Sie sehen den Kunden nie wieder.

Die schlagfertigen Antworten sollten Sie also immer nur so einsetzen, dass die Beziehung zum Kunden nicht beschädigt wird. Letztendlich haben Sie und Ihr Unternehmen immer ein finanzielles Interesse daran, dass eine gute Beziehung zwischen Ihnen und dem Kunden herrscht. Es ist also im Fall der Fälle eine sanfte und sachliche Schlagfertigkeit gefragt. Ruhig und sachlich zu bleiben lohnt sich immer, auch im Umgang mit sehr schwierigen Kunden. Dadurch können Sie selbst emotionale und impulsive Gesprächspartner wieder zurück auf die Sachebene führen. Kunden wissen es zu schätzen, wenn das Personal sachlich und souverän bleibt. Das weckt in ihnen umso mehr das Gefühl, in sicheren Händen zu sein und seriös behandelt zu werden.

Nun schauen wir uns einige Situationen an, die so oder so ähnlich durchaus öfter mal vorkommen. Stellen Sie sich vor, Sie möchten Ihrem Kunden ein brandneues Produkt verkaufen. Von Seiten des Kunden kommt daraufhin der Spruch:

„Sie wollen mir doch nur irgendwas verkaufen!"

Mit dieser Aussage hat der Kunde tatsächlich recht. Aber genau deshalb geht er doch auch in ein Geschäft, um dort etwas zu kaufen. Sie könnten also folgendermaßen antworten:

„Das stimmt! Ich möchte Ihnen gerne dieses Produkt verkaufen, weil ich glaube, dass es optimal zu Ihren Wünschen und Vorstellungen passt!"

oder:

„Das stimmt! Ich möchte Ihnen gerne ein gutes Produkt verkaufen, damit Sie später wieder zu uns kommen, und nicht das Produkt!"

Ein ähnlicher, aber etwas anders formulierter Vorwurf des Kunden könnte lauten:

„Sie sind doch nur auf Profit aus!"

Wenden Sie in diesem Fall einfach die Gegenfrage an. Wie Sie bereits wissen, gilt die Devise: Wer fragt, der führt. Antworten Sie:

„Welche Informationen benötigen Sie, um festzustellen, dass dieses Produkt wirklich zu Ihren Bedürfnissen passt?"

Möglicherweise geraten Sie in eine Situation, in der sich der Kunde über den Bestellvorgang oder die Rechnungsstellung beschwert. Hier eignet sich ebenfalls wieder die Fragetechnik. Bitten Sie den Kunden darum, sein Anliegen genauer zu beschreiben. Sie führen das Gespräch dadurch wieder auf die Sachebene und Ihr Kunde fühlt sich seriös behandelt:

„Wobei brauchen Sie denn genau Hilfe?"

„Haben Sie vielleicht eine Idee, wie wir den Vorgang für Sie vereinfachen können?"

In manchen Fällen stellt der Kunde vielleicht sogar Ihre Kompetenz in Frage:

„So kann das ja nicht funktionieren. Naja, typisch Azubi/Frau/Mann/Verkäufer/usw."

Auch in diesem Moment gilt es wieder, ruhig zu bleiben und mit einer Frage auf sachliche Art und Weise die Gesprächsführung zurück zu erobern:

„Hätten Sie eine andere Idee, wie wir dieses Problem beheben könnten?"

oder:

„Meinen Sie etwa, ich hätte noch viel zu lernen? Was denn zum Beispiel?"

Vor allem Frauen und jüngere Menschen werden oft angegangen, weil die Kunden an deren Kompetenz zweifeln. Sie brauchen sich solch ein unangemessenes Verhalten nicht gefallen zu lassen, sollten aber natürlich immer auf Ihre Wortwahl achten und niemals ausfällig werden. Ein noch extremerer Fall wäre die Frage:

„Ist denn hier kein Mann, der sich damit besser auskennt?"

Hier bieten sich zwei Antwortmöglichkeiten an, wobei die zweite schon etwas frotzig ist und vielleicht nicht bei jedem Kunden gut ankommt, insbesondere dann, wenn er sowieso schon Vorbehalte gegenüber Frauen hat:

„Ich habe überall nachgeschaut, aber es ist leider keiner da. Wie kann ich Ihnen weiterhelfen?"

oder:

„Das ist hier keine Partnerbörse und hier haben Sie nur eine einzige Wahl: Mich."

Wenn der Kunde Sie aufgrund Ihres jüngeren Aussehens angreift und behauptet, dass Sie ja noch total grün hinter den Ohren wären, dann antworten Sie wie folgt:

„Ich kümmere mich in meiner Position jeden Tag um solche Angelegenheiten. Wie genau kann ich Ihnen helfen?"

Auch wenn der Kunde Sie persönlich beleidigt, so sollten Sie sich dies nicht gefallen lassen. Ein Kunde darf sich schließlich nicht alles erlauben und Respektlosigkeiten sind definitiv fehl am Platz. Wenn Sie beschimpft werden, dann versuchen Sie souverän und sachlich zu bleiben:

„Ich kann Ihren Ärger zwar verstehen und ich bin auch wirklich gewillt, Ihnen zu helfen. Aber Beleidigungen helfen uns auf keinen Fall weiter. Lassen Sie uns doch noch einmal auf das Problem zurückkommen."

Wenn sich der Kunde dennoch nicht beruhigt, so sollten Sie das Gespräch beenden:

„Okay, ich denke, es hat jetzt erstmal keinen Sinn mehr. Wenn Sie möchten, dann führen wir das Gespräch morgen weiter. Bis dahin machen wir uns schon einmal Gedanken über eine Lösung des Problems.

Abschließende Tipps

Im Verlaufe dieses Buches haben Sie nun einige wertvolle Techniken und Übungen kennengelernt, mit denen Sie zu einer schlagfertigeren Person werden können. Diese Tipps werden Ihnen helfen, insgesamt selbstbewusster und gelassener durch den Alltag zu gehen und lockerer mit Menschen umzugehen. Dieses Buch bietet Ihnen jedoch nur die Theorie. Für die Umsetzung sind Sie nun selbst verantwortlich. Damit Sie die Strategien wirklich verinnerlichen, sollten Sie sie also auch in der Praxis anwenden. Verbessern Sie Ihre Selbstwahrnehmung und Ihre Wahrnehmung nach Außen hin, indem Sie aktiv an Ihrer Schlagfertigkeit arbeiten. Tun Sie sich einen Gefallen und setzen Sie die gelernten Techniken im Alltag ein. Um Ihnen das ein wenig zu erleichtern, lege ich Ihnen noch drei allerletzte Tipps ans Herz:

Notizen

In der Vergangenheit war es so, dass Ihnen die schlagfertigen Konter immer erst Stunden später einfielen. Mit Hilfe der Methoden in diesem Buch sollte dies in Zukunft nicht mehr so sein. Dennoch brauchen Sie am Anfang natürlich etwas Übung. Daher werden Sie voraussichtlich in Situationen geraten, in denen Ihnen kein passender Spruch einfällt. Sobald er Ihnen aber dann in den Sinn kommt, schreiben Sie ihn auf. Notieren Sie dazu natürlich auch die Aussage der anderen Person, damit später die Zusammenhänge klar sind.

Sicherlich können Sie sich auch schon vorab eine Liste erstellen, in die Sie viele verschiedene Angriffe und Provokationen notieren, auf welche Sie zukünftig besser reagieren wollen.

Überzeugung

Sämtliche Strategien sind wirkungslos, wenn diese nicht mit der richtigen Überzeugung vorgetragen werden. Auch der beste Spruch im genau richtigen Moment erzielt keine Wirkung, wenn Ihre Körpersprache schwach und Ihr Gesichtsausdruck ängstlich wirken. Legen Sie also unbedingt Wert darauf, Ihre Ausstrahlung bzw. Ihr Selbstbewusstsein im Allgemeinen zu verbessern. Seien Sie überzeugt von sich selbst und von dem, was Sie sagen. Ihre schlagfertigen Antworten greifen nur, wenn Sie sie mit den richtigen nonverbalen Signalen übermitteln.

Selbstbewusstsein

Glauben Sie an sich selbst! Nicht nur Sie sollten anderen Menschen Respekt entgegenbringen, sondern auch Ihre Mitmenschen sollten Ihnen Respekt entgegenbringen. Sie sollten sich daher niemals klein machen und sich unter Ihrer Würde verkaufen. Haben Sie den Mut, sich jederzeit zu verteidigen, wenn Sie dies für nötig erachten. Mit den Techniken, die Sie in diesem Buch kennengelernt haben, können Sie bereits die Theorie verinnerlichen. Bedienen Sie sich nun auch in der Praxis dieser Methoden, um schlagfertiger mit unangenehmen Menschen umzugehen. Erkennen Sie Ihren eigenen Wert und verschaffen Sie sich Respekt, indem Sie Ihren Mitmenschen klarmachen, dass Sie sich von nichts und niemandem unterkriegen lassen. Ich glaube an Sie!

Haftungsausschluss

Die Umsetzung aller enthaltenen Informationen, Anleitungen und Strategien dieses Buches erfolgt auf eigenes Risiko. Für etwaige Schäden jeglicher Art kann der Autor aus keinem Rechtsgrund eine Haftung übernehmen. Für Schäden materieller oder ideeller Art, die durch die Nutzung oder Nichtnutzung der Informationen bzw. durch die Nutzung fehlerhafter und/oder unvollständiger Informationen verursacht werden, sind Haftungsansprüche gegen den Autor grundsätzlich ausgeschlossen. Ausgeschlossen sind daher auch jegliche Rechts- und Schadenersatzansprüche. Dieses Werk wurde mit größter Sorgfalt nach bestem Wissen und Gewissen erarbeitet und niedergeschrieben. Für die Aktualität, Vollständigkeit und Qualität der Informationen übernimmt der Autor jedoch keinerlei Gewähr. Auch können Druckfehler und Falschinformationen nicht vollständig ausgeschlossen werden. Für fehlerhafte Angaben vom Autor kann keine juristische Verantwortung sowie Haftung in irgendeiner Form übernommen werden.

Urheberrecht

Impressum

Linus Winkler
2020
1. Auflage

Kontakt:
Lifewiss
Tegelbusch 23
26180 Rastede
lifewiss@gmail.com

Printed in Poland
by Amazon Fulfillment
Poland Sp. z o.o., Wrocław

38407548R00076